Het Anti-Inflammatoire Kookboek

Ontstekingsremmende Maaltijden voor een Betere Gezondheid

Lisa de Vries

Inhoudsopgave

Citroen Boterachtige Garnalen Rijst Porties: 3 16

Ingrediënten: 16

Routebeschrijving: 16

Garnalen-limoen Bak Met Courgette En Maïs Porties: 4 18

Ingrediënten: 18

Routebeschrijving: 19

Bloemkoolsoep Porties: 10 20

Ingrediënten: 20

Routebeschrijving: 20

Zoete Aardappel Zwarte Bonen Burgers Porties: 6 22

Ingrediënten: 22

Routebeschrijving: 23

Kokosnoot Champignonsoep Porties: 3 25

Ingrediënten: 25

Routebeschrijving: 25

Porties fruitsalade in winterse stijl: 6 27

Ingrediënten: 27

Routebeschrijving: 27

Met Honing Geroosterde Kippendijen Met Wortelen Porties: 4 29

Ingrediënten: 29

Routebeschrijving: 29

Turkije Chili Porties: 8 31

Ingrediënten: 31

Routebeschrijving: 32
Linzensoep Met Kruiden Porties: 5 33
Ingrediënten: 33
Routebeschrijving: 33
Garlicky Kip En Groenten Porties: 4 35
Ingrediënten: 35
Routebeschrijving: 35
Gerookte Zalm Salade Porties: 4 37
Ingrediënten: 37
Routebeschrijving: 38
Bonen Shoarma Salade Porties: 2 39
Ingrediënten: 39
Routebeschrijving: 40
Ananas Gebakken Rijst Porties: 4 41
Ingrediënten: 41
Routebeschrijving: 42
Linzensoep Porties: 2 43
Ingrediënten: 43
Routebeschrijving: 44
Heerlijke Tonijnsalade Porties: 2 45
Ingrediënten: 45
Routebeschrijving: 45
Aioli Met Eieren Porties: 12 47
Ingrediënten: 47
Routebeschrijving: 47
Spaghetti Pasta Met Kruidenchampignonsaus Ingrediënten: 48
Routebeschrijving: 49

Bruine Rijst En Shitake Miso Soep Met Lente-uitjes 51

Ingrediënten: 51

Gegrilde Zeeforel Met Knoflook En Peterseliedressing 53

Ingrediënten: 53

Routebeschrijving: 53

Curry Bloemkool En Kikkererwten Wraps Ingrediënten: 55

Routebeschrijving: 56

Boekweitnoedelsoep Porties: 4 58

Ingrediënten: 58

Routebeschrijving: 59

Gemakkelijke Zalmsalade Porties: 1 60

Ingrediënten: 60

Routebeschrijving: 60

Groentesoep Porties: 4 61

Ingrediënten: 61

Routebeschrijving: 62

Citroenachtige Knoflook Garnalen Porties: 4 63

Ingrediënten: 63

Routebeschrijving: 63

Blt Loempia's Ingrediënten: 64

Borst Met Blauwe Kaas Porties: 6 65

Ingrediënten: 65

Routebeschrijving: 65

Koude Soba Met Misodressing Ingrediënten: 67

Routebeschrijving: 68

Gebakken Buffalo Bloemkool Stukjes Porties: 2 69

Ingrediënten: 69

Routebeschrijving: 69
Knoflook Kip Gebakken Met Basilicum & Tomaten Porties: 4 71
Ingrediënten: 71
Routebeschrijving: 72
Romige Kurkuma Bloemkoolsoep Porties: 4 73
Ingrediënten: 73
Routebeschrijving: 74
Champignons, Boerenkool En Zoete Aardappel Bruine Rijst 75
Ingrediënten: 75
Gebakken Tilapia Recept Met Pecan Rozemarijn Topping 77
Ingrediënten: 77
Zwarte Bonen Tortilla Wrap Porties: 2 79
Ingrediënten: 79
Routebeschrijving: 79
Witte Bonen Kip Met Winter Groene Groenten 80
Ingrediënten: 80
Routebeschrijving: 81
Gekruide Gebakken Zalm Porties: 2 82
Ingrediënten: 82
Routebeschrijving: 82
Griekse Yoghurt Kipsalade 84
Ingrediënten: 84
Routebeschrijving: 84
Bonte Kikkererwten Salade 85
Ingrediënten: 85
Routebeschrijving: 86
Porties Valencia Salade: 10 87

Ingrediënten: 87

Routebeschrijving: 88

"Eat Your Greens" Soep Porties: 4 89

Ingrediënten: 89

Routebeschrijving: 90

Miso zalm en sperziebonen Porties: 4 91

Ingrediënten: 91

Routebeschrijving: 91

Porties Prei, Kip En Spinaziesoep: 4 92

Ingrediënten: 92

Routebeschrijving: 92

Porties Dark Choco Bombs: 24 94

Ingrediënten: 94

Routebeschrijving: 94

Porties Italiaanse Gevulde Paprika's: 6 95

Ingrediënten: 95

Routebeschrijving: 96

Gerookte Forel Verpakt In Sla Porties: 4 97

Ingrediënten: 97

Routebeschrijving: 98

Ingrediënten Gevulde Eiersalade: 99

Routebeschrijving: 99

Sesam-tamari Gebakken Kip Met Sperziebonen 101

Ingrediënten: 101

Routebeschrijving: 101

Gember Kip Stoofpot Porties: 6 103

Ingrediënten: 103

Routebeschrijving: 104

Romige Garbano Salade Ingrediënten: 105

Routebeschrijving: 106

Wortelnoedels Met Gember Limoen Pindasaus 108

Ingrediënten: 108

Routebeschrijving: 108

Geroosterde Groenten Met Zoete Aardappelen En Witte Bonen 110

Ingrediënten: 110

Routebeschrijving: 111

Boerenkoolsalade Porties: 1 112

Ingrediënten: 112

Routebeschrijving: 112

Porties van gekoeld glas met kokos en hazelnoot: 1 114

Ingrediënten: 114

Routebeschrijving: 114

Koele Garbanzo En Spinaziebonen Porties: 4 115

Ingrediënten: 115

Routebeschrijving: 115

Tarobladeren In Kokossaus Porties: 5 116

Ingrediënten: 116

Routebeschrijving: 116

Geroosterde Tofu En Groenten Porties: 4 117

Ingrediënten: 117

Routebeschrijving: 117

Gekruide Broccoli, Bloemkool En Tofu Met Rode Ui 119

Ingrediënten: 119

Routebeschrijving: 120

Bonen En Zalm Pan Porties: 4 121

Ingrediënten: 121

Routebeschrijving: 122

Wortelsoep Porties: 4 123

Ingrediënten: 123

Routebeschrijving: 124

Porties gezonde pastasalade: 6 125

Ingrediënten: 125

Routebeschrijving: 125

Kikkererwten Curry Porties: 4 tot 6 127

Ingrediënten: 127

Routebeschrijving: 128

Gehakt Stroganoff Ingrediënten: 129

Routebeschrijving: 129

Saucy Short Ribs Porties: 4 131

Ingrediënten: 131

Routebeschrijving: 132

Kip en glutenvrije noedelsoep Porties: 4 133

Ingrediënten: 133

Linzen Curry Porties: 4 135

Ingrediënten: 135

Routebeschrijving: 136

Kip En Erwten Roerbak Porties: 4 137

Ingrediënten: 137

Routebeschrijving: 138

Sappige Broccolini Met Ansjovis Amandelen Porties: 6 139

Ingrediënten: 139

Routebeschrijving: 139

Shiitake En Spinazie Pattie Porties: 8 141

Ingrediënten: 141

Routebeschrijving: 142

Broccoli Bloemkool Salade Porties: 6 143

Ingrediënten: 143

Routebeschrijving: 144

Kipsalade Met Chinese Touch Porties: 3 145

Ingrediënten: 145

Routebeschrijving: 146

Amarant En Quinoa Gevulde Paprika's Porties: 4 147

Ingrediënten: 147

Visfilet met knapperige kaaskorst Porties: 4 149

Ingrediënten: 149

Routebeschrijving: 149

Eiwit Krachtbonen En Groene Gevulde Schelpen 151

Ingrediënten: 151

Ingrediënten Aziatische Noedelsalade: 154

Routebeschrijving: 154

Zalm En Sperziebonen Porties: 4 156

Ingrediënten: 156

Routebeschrijving: 156

Kaas Gevulde Kip Ingrediënten: 158

Routebeschrijving: 159

Rucola Met Gorgonzola Dressing Porties: 4 160

Ingrediënten: 160

Routebeschrijving: 160

Koolsoep Porties: 6 162

Ingrediënten: 162

Bloemkool Rijst Porties: 4 163

Ingrediënten: 163

Routebeschrijving: 163

Feta Frittata & Spinazie Porties: 4 164

Ingrediënten: 164

Routebeschrijving: 164

Vurige Kip Pot Stickers Ingrediënten: 166

Routebeschrijving: 167

Knoflook Garnalen Met Gestrooide Bloemkool Porties: 2 168

Ingrediënten: 168

Routebeschrijving: 169

Broccoli Tonijn Porties: 1 170

Ingrediënten: 170

Routebeschrijving: 170

Pompoensoep Met Garnalen Porties: 4 171

Ingrediënten: 171

Routebeschrijving: 172

Lekkere Turkije Gebakken Ballen Porties: 6 173

Ingrediënten: 173

Routebeschrijving: 173

Duidelijke Clam Chowder-porties: 4 175

Ingrediënten: 175

Routebeschrijving: 176

Porties rijst en kippot: 4 177

Ingrediënten: 177

Routebeschrijving: 178

Gesauteerde Garnalen Jambalaya Jumble Porties: 4 180

Ingrediënten: 180

Kip Chili Porties: 6 182

Ingrediënten: 182

Routebeschrijving: 183

Knoflook En Linzensoep Porties: 4 184

Ingrediënten: 184

Pittige Courgette & Kip In Klassieke Santa Fe Roerbak 186

Ingrediënten: 186

Routebeschrijving: 187

Tilapia-taco's met geweldige gember-sesamsla 188

Ingrediënten: 188

Routebeschrijving: 188

Curry Linzenstoofpot Porties: 4 190

Ingrediënten: 190

Routebeschrijving: 190

Boerenkool Caesar Salade Met Gegrilde Kip Wrap Porties: 2 192

Ingrediënten: 192

Routebeschrijving: 193

Spinaziebonensalade Porties: 1 194

Ingrediënten: 194

Routebeschrijving: 194

Zalm Met Korst Met Walnoten En Rozemarijn Porties: 6 195

Ingrediënten: 195

Routebeschrijving: 196

Gebakken Zoete Aardappel Met Rode Tahinisaus Porties: 4 197

Ingrediënten: 197

Routebeschrijving: 198

Italiaanse zomerpompoensoep Porties: 4 199

Ingrediënten: 199

Routebeschrijving: 200

Saffraan En Zalmsoep Porties: 4 201

Ingrediënten: 201

Thaise Gearomatiseerde Hete En Zure Garnalen En Champignonsoep .. 203

Ingrediënten: 203

Routebeschrijving: 204

Orzo Met Zongedroogde Tomaten Ingrediënten: 205

Routebeschrijving: 205

Porties Champignon-Bietensoep: 4 207

Ingrediënten: 207

Routebeschrijving: 207

Kip Parmezaanse Gehaktballetjes Ingrediënten: 209

Routebeschrijving: 209

Gehaktballetjes Alla Parmigiana Ingrediënten: 211

Routebeschrijving: 212

Blad Pan Kalkoenfilet Met Gouden Groenten 213

Ingrediënten: 213

Routebeschrijving: 213

Groene kokoscurry met gekookte rijst Porties: 8 215

Ingrediënten: 215

Routebeschrijving: 215

Zoete Aardappel & Kippensoep Met Linzen Porties: 6 217

Ingrediënten: 217

Routebeschrijving: 218

Citroen Boterachtige Garnalen Rijst Porties: 3

Bereidingstijd: 10 minuten

Ingrediënten:

¼ kopje gekookte wilde rijst

½ theelepel. Boter verdeeld

¼ theelepel. olijfolie

1 kopje rauwe garnalen, gepeld, darm verwijderd, uitgelekt ¼ kopje diepvrieserwten, ontdooid, gespoeld, uitgelekt

1 eetl. citroensap, vers geperst

1 eetl. bieslook, gehakt

Snufje zeezout, naar smaak

Routebeschrijving:

1. Giet ¼ theelepel. Boter en olie in wok op middelhoog vuur. Voeg garnalen en erwten toe. Bak tot de garnalen koraalroze zijn, ongeveer 5 tot 7 minuten.

2. Voeg wilde rijst toe en kook tot goed verwarmd - breng op smaak met zout en boter.

3. Breng over naar een bord. Strooi bieslook en citroensap erover.

Dienen.

Voedingsinformatie:Calorieën 510 Koolhydraten: 0g Vet: 0g Eiwit: 0g

Garnalen-limoen Bak Met Courgette En Maïs

Porties: 4

Bereidingstijd: 20 minuten

Ingrediënten:

1 eetlepel extra vierge olijfolie

2 kleine courgettes, in blokjes van ¼ inch gesneden

1 kopje bevroren maïskorrels

2 lente-uitjes, dun gesneden

1 theelepel zout

½ theelepel gemalen komijn

½ theelepel chipotle chilipoeder

1 pond gepelde garnalen, indien nodig ontdooid

1 eetlepel fijngehakte verse koriander

Zest en sap van 1 limoen

Routebeschrijving:

1. Verwarm de oven voor op 400°F. Vet de bakplaat in met de olie.

2. Combineer op de bakplaat de courgette, maïs, lente-uitjes, zout, komijn en chilipoeder en meng goed. Schik in een enkele laag.

3. Leg de garnalen erop. Braad binnen 15 tot 20 minuten.

4. Doe de koriander en limoenschil en -sap erbij, roer door elkaar en serveer.

Voedingsinformatie:Calorieën 184 Totaal vet: 5 g Totaal koolhydraten: 11 g Suiker: 3 g Vezels: 2 g Eiwit: 26 g Natrium: 846 mg

Bloemkoolsoep Porties: 10

Bereidingstijd: 10 minuten

Ingrediënten:

¾ kopje water

2 theelepel olijfolie

1 ui, in blokjes

1 bloemkool, alleen de roosjes

1 blik volle kokosmelk

1 theelepel kurkuma

1 theelepel gember

1 theelepel rauwe honing

Routebeschrijving:

1. Doe alle ingrediënten in een grote soeppan en kook ongeveer 10 minuten minuten.

2. Gebruik een staafmixer om de soep te mixen en glad te maken.

Dienen.

Voedingsinformatie:Totaal Koolhydraten 7g Voedingsvezels: 2g Netto Koolhydraten: Eiwitten: 2g Totaal Vet: 11g Calorieën: 129

Zoete Aardappel Zwarte Bonen Burgers Porties: 6

Bereidingstijd: 10 minuten

Ingrediënten:

1/2 jalapeno, gezaaid en in blokjes gesneden

1/2 kopje quinoa

6 volkoren hamburgerbroodjes

1 blik zwarte bonen, afgespoeld en uitgelekt

Olijfolie/kokosolie, om mee te koken

1 zoete aardappel

1/2 kopje rode ui, in blokjes gesneden

4 eetlepels glutenvrij havermeel

2 teentjes knoflook, fijngehakt

2 theelepels pittige cajun-kruiden

1/2 kopje koriander, gehakt

1 theelepel komijn

Spruiten

Zout, naar smaak

Peper, naar smaak

Voor de Crema:

2 eetlepels koriander, gehakt

1/2 rijpe avocado, in blokjes

4 eetlepels magere zure room/gewone Griekse yoghurt 1 theelepel limoensap

Routebeschrijving:

1. Spoel de quinoa af onder koud stromend water. Doe een kopje water in een pannetje en verwarm het. Voeg quinoa toe en breng aan de kook.

2. Dek af en laat ongeveer 15 minuten op laag vuur sudderen tot al het water is opgenomen.

3. Zet het vuur uit en maak de quinoa los met een vork. Doe de quinoa vervolgens in een kom en laat het 5-10 minuten afkoelen.

4. Prik in de aardappel met een vork en zet hem dan een paar minuten in de magnetron, tot hij goed gaar en zacht is. Schil de aardappel zodra deze gaar is en laat afkoelen.

5. Voeg gekookte aardappel toe aan een keukenmachine samen met 1 blik zwarte bonen, ½ kopje gehakte koriander, 2 theelepels Cajun-kruiden, ½ kop in blokjes gesneden ui, 1 theelepel komijn en 2 fijngehakte teentjes knoflook.

Pulseer tot je een glad mengsel krijgt. Breng het over in een kom en voeg gekookte quinoa toe.

6. Voeg havermeel/haverzemelen toe. Meng goed en vorm er 6 burgers van. Leg de pasteitjes op een bakplaat en zet ze ongeveer een half uur in de koelkast.

7. Voeg alle Crema-ingrediënten toe aan een keukenmachine. Pulseer tot een gladde massa. Pas zout naar smaak aan en zet in de koelkast.

8. Vet een kookpan in met olie en verhit deze op middelhoog vuur.

Bak elke kant van de pasteitjes tot ze licht goudbruin zijn, slechts gedurende 3-4 minuten.

Serveer met crema, spruitjes, broodjes en samen met al je favoriete toppings.

<u>Voedingsinformatie:</u>206 calorieën 6 g vet 33,9 g totale koolhydraten 7,9 g eiwit

Kokosnoot Champignonsoep Porties: 3

Bereidingstijd: 10 minuten

Ingrediënten:

1 eetlepel kokosolie

1 eetlepel gemalen gember

1 kopje cremini-champignons, gehakt

½ theelepel kurkuma

2 en ½ kopje water

½ kopje ingeblikte kokosmelk

Zeezout naar smaak

Routebeschrijving:

1. Verhit de kokosolie op middelhoog vuur in een grote pan en voeg de champignons toe. Kook gedurende 3-4 minuten.

2. Doe de resterende bevestigingen en kook. Laat het 5 minuten sudderen.

3. Verdeel over drie soepkommen en smullen maar!

Voedingsinformatie:Totaal Koolhydraten 4g Voedingsvezels: 1g Eiwitten: 2g Totaal Vet: 14g Calorieën: 143

Porties fruitsalade in winterse stijl: 6

Bereidingstijd: 0 minuten

Ingrediënten:

4 gekookte zoete aardappelen, in blokjes (blokjes van 1 inch) 3 peren, in blokjes (blokjes van 1 inch)

1 kopje druiven, gehalveerd

1 appel, in blokjes

½ kopje pecannoothelften

2 eetlepels olijfolie

1 eetlepel rode wijnazijn

2 eetlepels rauwe honing

Routebeschrijving:

1. Meng de olijfolie, rode wijnazijn en vervolgens de rauwe honing om de dressing te maken en zet opzij.

2. Combineer het gehakte fruit, de zoete aardappel en de pecannoothelften en verdeel dit over zes serveerschalen. Besprenkel elke kom met de dressing.

Voedingsinformatie:Totaal Koolhydraten 40g Voedingsvezels: 6g Eiwitten: 3g Totaal Vet: 11g Calorieën: 251

Met Honing Geroosterde Kippendijen Met Wortelen Porties: 4

Bereidingstijd: 50 minuten

Ingrediënten:

2 eetlepels ongezouten boter, op kamertemperatuur 3 grote wortelen, in dunne plakjes

2 teentjes knoflook, gehakt

4 kippendijen met bot en vel

1 theelepel zout

½ theelepel gedroogde rozemarijn

¼ theelepel versgemalen zwarte peper

2 eetlepels honing

1 kop kippenbouillon of groentebouillon

Citroenpartjes, om te serveren

Routebeschrijving:

1. Verwarm de oven voor op 400°F. Vet de bakplaat in met de boter.

2. Schik de wortels en knoflook in een enkele laag op de bakplaat.

3. Leg de kip met het vel naar boven op de groenten en breng op smaak met zout, rozemarijn en peper.

4. Doe de honing erop en voeg de bouillon toe.

5. Braad binnen 40 tot 45 minuten. Verwijder en laat het rusten voor 5

minuten en serveer met partjes citroen.

Voedingsinformatie:Calorieën 428 Totaal vet: 28 g Totaal koolhydraten: 15 g Suiker: 11 g Vezels: 2 g Eiwitten: 30 g Natrium: 732 mg

Turkije Chili Porties: 8

Kooktijd: 4 uur en 10 minuten

Ingrediënten:

1 pond gemalen kalkoen, bij voorkeur 99% mager

2 blikken rode kidneybonen, afgespoeld en uitgelekt (15 oz elk) 1 rode paprika, gehakt

2 blikken tomatensaus (elk 15 oz)

1 pot deli-sliced tamed jalapeno peppers, uitgelekt (16 oz) 2 blikjes petite tomaten, in blokjes (15 oz per stuk) 1 eetlepel komijn

1 gele paprika, grof gehakt

2 blikken zwarte bonen, bij voorkeur gespoeld en uitgelekt (15 oz elk) 1 kop maïs, bevroren

2 eetlepels chilipoeder

1 eetlepel olijfolie

Zwarte peper & zout naar smaak

1 middelgrote ui, in blokjes gesneden

Groene uien, avocado, geraspte kaas, Griekse yoghurt/zure room, als topping, optioneel

Routebeschrijving:

1. Verwarm de olie heet in een grote koekenpan. Als je klaar bent, leg je de kalkoen voorzichtig in de hete koekenpan en kook je hem tot hij bruin is. Giet de kalkoen in de bodem van je slowcooker, bij voorkeur 6 liter.

2. Voeg de jalapeños, maïs, paprika, ui, tomatenblokjes, tomatensaus, bonen, komijn en chilipoeder toe. Meng en doe er peper en zout naar smaak bij.

3. Dek af en kook gedurende 6 uur op laag vuur of 4 uur op hoog vuur.

Serveer met de optionele toppings en geniet ervan.

Voedingsinformatie:kcal 455 Vet: 9 g Vezels: 19 g Eiwitten: 38 g

Linzensoep Met Kruiden Porties: 5

Bereidingstijd: 25 minuten

Ingrediënten:

1 kopje gele ui (in blokjes gesneden)

1 kopje wortel (in blokjes gesneden)

1 Kopje raap

2 el extra vierge olijfolie

2 el balsamicoazijn

4 kopjes babyspinazie

2 kopjes bruine linzen

¼ kopje verse peterselie

Routebeschrijving:

1. Verwarm de snelkookpan voor op middelhoog vuur en doe er olijfolie en groenten in.

2. Voeg na 5 minuten bouillon, linzen en zout toe aan de pan en laat 15 minuten sudderen.

3. Verwijder het deksel en voeg er spinazie en azijn aan toe.

4. Roer de soep 5 minuten door en zet het vuur uit.

5. Garneer het met verse peterselie.

Voedingsinformatie:Calorieën 96 Koolhydraten: 16g Vet: 1g Eiwitten: 4g

Garlicky Kip En Groenten Porties: 4

Bereidingstijd: 45 minuten

Ingrediënten:

2 theelepels extra vierge olijfolie

1 prei, alleen het witte gedeelte, in dunne plakjes gesneden

2 grote courgettes, in plakjes van ¼ inch gesneden

4 kipfilets met bot en vel

3 teentjes knoflook, gehakt

1 theelepel zout

1 theelepel gedroogde oregano

¼ theelepel versgemalen zwarte peper

½ kopje witte wijn

Sap van 1 citroen

Routebeschrijving:

1. Verwarm de oven voor op 400°F. Vet de bakplaat in met de olie.

2. Leg de prei en courgette op de bakplaat.

3. Leg de kip met de huid naar boven en bestrooi met de knoflook, zout, oregano en peper. Voeg de wijn toe.

4. Braad binnen 35 tot 40 minuten. Verwijder en laat 5 minuten rusten.

5. Voeg het citroensap toe en serveer.

Voedingsinformatie:Calorieën 315 Totaal vet: 8 g Totaal koolhydraten: 12 g Suiker: 4 g Vezels: 2 g Eiwit: 44 g Natrium: 685 mg

Gerookte Zalm Salade Porties: 4

Bereidingstijd: 20 minuten

Ingrediënten:

2 jonge venkelknollen, in dunne plakjes gesneden, enkele bladeren achtergehouden 1 eetlepel gezouten babykappertjes, afgespoeld, uitgelekt

½ kopje natuuryoghurt

2 eetlepels peterselie, gehakt

1 eetlepel citroensap, vers geperst

2 eetlepels verse bieslook, fijngehakt

1 eetlepel gehakte verse dragon

180 g gesneden gerookte zalm, zoutarm

½ rode ui, dun gesneden

1 theelepel citroenschil, fijn geraspt

½ kopje Franse groene linzen, afgespoeld

60 g verse babyspinazie

½ avocado, in plakjes

Een snufje basterdsuiker

Routebeschrijving:

1. Doe water in een grote pan met water en kook op matig vuur. Eenmaal aan de kook; kook de linzen in 20 minuten gaar; goed uitlekken.

2. Verhit ondertussen van tevoren een grillpan op hoog vuur.

Besprenkel de venkelplakken met wat olie en kook tot ze zacht zijn, voor 2 minuten per kant.

3. Maal de bieslook, peterselie, yoghurt, dragon, citroenschil en kappertjes in een keukenmachine tot een glad geheel en breng op smaak met peper.

4. Doe de ui met suiker, sap en een snufje zout in een grote mengkom. Zet een paar minuten opzij en giet dan af.

5. Combineer de linzen met ui, venkel, avocado en spinazie in een grote mengkom. Verdeel gelijkmatig over de borden en garneer met de vis. Bestrooi met de overgebleven venkelbladeren en meer verse peterselie. Besprenkel met de groene godinnendressing. Genieten.

<u>Voedingsinformatie:</u>kcal 368 Vet: 14 g Vezels: 8 g Eiwitten: 20 g

Bonen Shoarma Salade Porties: 2

Bereidingstijd: 20 minuten

Ingrediënten:

Voor Het Voorbereiden Van Salade

20 pitabroodjes

5 ons lentesla

10 kerstomaatjes

¾ kopje verse peterselie

¼ kopje rode ui (gehakt)

Voor Kikkererwten

1 el Olijfolie

1 kop-el komijn en kurkuma

½ Kopje paprika- en korianderpoeder 1 Snufje zwarte peper

½ karig koosjer zout

¼ el Gember- en kaneelpoeder

Voor het voorbereiden van verband

3 Knoflookteentjes

1 el Gedroogde boor

1 el Limoensap

Water

½ Kopje humus

Routebeschrijving:

1. Plaats een rooster in de reeds voorverwarmde oven (204C). Meng kikkererwten met alle specerijen en kruiden.

2. Leg een dun laagje kikkererwten op de bakplaat en bak deze bijna 20 minuten. Bak het tot de bonen goudbruin zijn.

3. Meng voor het bereiden van de dressing alle ingrediënten in een gardekom en blend dit. Voeg geleidelijk water toe voor de juiste gladheid.

4. Meng alle kruiden en specerijen voor het bereiden van salade.

5. Voeg voor het serveren pitabroodjes en boontjes toe aan de salade en sprenkel er wat dressing over.

Voedingsinformatie:Calorieën 173 Koolhydraten: 8g Vet: 6g Eiwit: 19g

Ananas Gebakken Rijst Porties: 4

Bereidingstijd: 20 minuten

Ingrediënten:

2 wortels, geschild en geraspt

2 groene uien, in plakjes

3 eetlepels sojasaus

1/2 kop ham, in blokjes gesneden

1 eetlepel sesamolie

2 kopjes ingeblikte/verse ananas, in blokjes gesneden

1/2 theelepel gemberpoeder

3 kopjes bruine rijst, gekookt

1/4 theelepel witte peper

2 eetlepels olijfolie

1/2 kopje bevroren erwten

2 teentjes knoflook, gehakt

1/2 kopje bevroren maïs

1 ui, in blokjes

Routebeschrijving:

1. Doe 1 eetlepel sesamolie, 3 eetlepels sojasaus, 2 snufjes witte peper en 1/2 theelepel gemberpoeder in een kom. Meng goed en houd apart.

2. Verhit olie in een koekenpan. Voeg de knoflook toe samen met de in blokjes gesneden ui.

Kook ongeveer 3-4 minuten, vaak roerend.

3. Voeg 1/2 kopje bevroren erwten, geraspte wortelen en 1/2 kopje bevroren maïs toe.

Roer tot de groenten zacht zijn, slechts een paar minuten.

4. Roer het sojasausmengsel, 2 kopjes in blokjes gesneden ananas, ½ kopje gehakte ham, 3 kopjes gekookte bruine rijst en gesneden groene uien erdoor.

Kook ongeveer 2-3 minuten, vaak roerend. Dienen!

Voedingsinformatie:252 calorieën 12,8 g vet 33 g totale koolhydraten 3 g eiwit

Linzensoep Porties: 2

Bereidingstijd: 30 minuten

Ingrediënten:

2 Wortelen, medium en in blokjes

2 eetlepels. Citroensap, vers

1 eetl. Kurkuma poeder

1/3 kop Linzen, gekookt

1 eetl. Amandelen, gehakt

1 stengel bleekselderij, in blokjes

1 bosje peterselie, vers gesneden

1 gele ui, groot en fijngesneden

Zwarte peper, vers gemalen

1 Pastinaak, medium & gehakt

½ theelepel. Komijnpoeder

3 ½ kopje water

½ theelepel. Roze Himalaya Zout

4 boerenkoolbladeren, grof gehakt

Routebeschrijving:

1. Doe om te beginnen wortelen, pastinaak, een eetlepel water en ui in een middelgrote pan op middelhoog vuur.

2. Kook het groentemengsel 5 minuten terwijl je af en toe roert.

3. Roer vervolgens de linzen en kruiden erdoor. Combineer goed.

4. Giet daarna water in de pan en breng het mengsel aan de kook.

5. Zet nu het vuur laag en laat het 20 minuten sudderen

minuten.

6. Zet het vuur uit en haal het van het fornuis. Voeg de boerenkool, het citroensap, de peterselie en het zout toe.

7. Roer dan goed door tot alles samenkomt.

8. Bestrooi het met amandelen en dien het warm op.

Voedingsinformatie:Calorieën: 242KcalEiwitten: 10gKoolhydraten: 46gVet: 4g

Heerlijke Tonijnsalade Porties: 2

Bereidingstijd: 15 minuten

Ingrediënten:

2 blikjes tonijn verpakt in water (elk 5oz), uitgelekte ¼ kopje mayonaise

2 eetlepels verse basilicum, gehakt

1 eetlepel citroensap, vers geperst

2 eetlepels in het vuur geroosterde rode pepers, fijngehakt ¼ kopje kalamata of gemengde olijven, fijngehakt

2 grote trostomaten

1 eetlepel kappertjes

2 eetlepels rode ui, fijngehakt

Peper & zout naar smaak

Routebeschrijving:

1. Voeg alle items (behalve tomaten) samen in een grote mengkom; roer de ingrediënten goed door tot ze goed gecombineerd zijn.

Snijd de tomaten in zesen en wrik ze dan voorzichtig open. Schep het voorbereide tonijnsalademengsel in het midden; serveer onmiddellijk en geniet ervan.

Voedingsinformatie:kcal 405 Vet: 24 g Vezels: 3,2 g Eiwitten: 37 g

Aioli Met Eieren Porties: 12

Bereidingstijd: 0 minuten

Ingrediënten:

2 eidooiers

1 knoflook, geraspt

2 eetlepels. water

½ kopje extra vergine olijfolie

¼ kopje citroensap, vers geperst, pitten verwijderd ¼ tl. zeezout

Scheutje cayennepeperpoeder

Snufje witte peper, naar smaak

Routebeschrijving:

1. Giet knoflook, eierdooiers, zout en water in de blender; proces tot een gladde massa. Doe de olijfolie in een langzame stroom erdoor tot de dressing emulgeert.

2. Voeg de resterende ingrediënten toe. Smaak; pas indien nodig de kruiden aan.

Giet in een luchtdichte container; gebruiken als dat nodig is.

Voedingsinformatie: Calorieën 100 Koolhydraten: 1g Vet: 11g Eiwitten: 0g

Spaghetti Pasta Met Kruidenchampignonsaus

Ingrediënten:

200 gram/6,3 oz rond een groot deel van een pak tarwe slanke spaghetti *

140 gram schoongemaakte gekloofde champignons 12-15 stuks*

¼ kopje room

3 kopjes melk

2 eetlepels kokende olijfolie naast 2 theelepel extra olie of vloeibare margarine om halverwege toe te voegen 1,5 eetlepel bloem

½ kopje gehakte uien

¼ tot ½ kopje knapperig gemalen parmezaanse cheddar

Paar stukjes donkere peper

Zout naar smaak

2 theelepels gedroogde of nieuwe tijm *

Bosje chiffonade nieuwe basilicumblaadjes

Routebeschrijving:

1. Kook de pasta nog wat stevig zoals aangegeven op de bundel.

2. Terwijl de pasta kookt, moeten we beginnen met het maken van de saus.

3. Verwarm de 3 kopjes melk in de magnetron gedurende 3 minuten of op de kookplaat tot een stoofpot.

4. Verhit tegelijkertijd 2 eetlepels olie in een koekenpan met anti-aanbaklaag op middelhoog vuur en bak de in plakjes gesneden champignons. Kook voor ongeveer 2 minuten.

5. De champignons zullen vanaf het begin wat water afvoeren, daarna zal het op den duur verdampen en stuk voor stuk vers worden.

6. Verlaag nu het vuur tot middelhoog, voeg de uien toe en bak 1 minuut.

7. Voeg nu 2 theelepels zachte spread toe en strooi er wat bloem over.

8. Mix gedurende 20 seconden.

9. Voeg de warme melk toe en meng constant tot een gladde saus.

10. Als de saus wat dikker wordt, oftewel een stoofpotje wordt, zet je het vuur uit.

11. Voeg nu ¼ kopje gemalen parmezaanse cheddar toe. Meng tot een gladde massa. 30 seconden lang.

12. Voeg nu zout, peper en tijm toe.

13. Geef een proef. Pas indien nodig de smaak aan.

14. Tussendoor moet de pasta nog wat stevig borrelen.

15. Zeef het warme water in een vergiet. Laat de kraan lopen en giet koud water om het kookproces te stoppen, laat al het water lopen en gooi het met de saus.

16. Als je niet snel eet, meng de pasta dan niet door de saus. Houd de pasta apart, afgedekt met olie en vastgezet.

17. Serveer warm met meer parmezaanse cheddar.

Waarderen!

Bruine Rijst En Shitake Miso Soep Met Lente-uitjes

Porties: 4

Bereidingstijd: 45 minuten

Ingrediënten:

2 eetlepels sesamolie

1 kopje in dunne plakjes gesneden shiitake-paddenstoelendoppen

1 teentje knoflook, fijngehakt

1 (1½-inch) stuk verse gember, geschild en in plakjes gesneden 1 kopje mediumkorrelige bruine rijst

½ theelepel zout

1 eetlepel witte miso

2 lente-uitjes, dun gesneden

2 eetlepels fijngehakte verse koriander<u>Routebeschrijving:</u>

1. Verhit de olie op middelhoog vuur in een grote pan.

2. Voeg de champignons, knoflook en gember toe en bak tot de champignons ongeveer 5 minuten zacht beginnen te worden.

3. Doe de rijst erbij en roer om gelijkmatig met de olie te bedekken. Voeg 2 kopjes water en zout toe en kook.

4. Laat sudderen binnen 30 tot 40 minuten. Gebruik een beetje van de soepbouillon om de miso zacht te maken en roer het dan door de pan tot het goed gemengd is.

5. Meng de lente-uitjes plus koriander erdoor en serveer.

Voedingsinformatie:Calorieën 265 Totaal vet: 8 g Totaal koolhydraten: 43 g Suiker: 2 g Vezels: 3 g Eiwitten: 5 g Natrium: 456 mg

Gegrilde Zeeforel Met Knoflook En Peterseliedressing

Porties: 8

Bereidingstijd: 25 minuten

Ingrediënten:

3 ½ pond stuk forelfilet, bij voorkeur zeeforel, uitgebeend, met vel

4 teentjes knoflook, dun gesneden

2 eetlepels kappertjes, grof gehakt

½ kopje bladpeterselieblaadjes, vers

1 rode chilipeper, bij voorkeur lang; dun gesneden 2 eetlepels citroensap, vers geperst ½ kopje olijfolie

Citroenpartjes, om te serveren

Routebeschrijving:

1. Bestrijk de forel met ongeveer 2 eetlepels olie; zorg ervoor dat alle kanten mooi bedekt zijn. Verwarm je barbecue voor op hoog vuur, bij voorkeur met een gesloten kap. Verlaag het vuur tot medium; leg de gecoate forel op de barbecueplaat, bij voorkeur op de huidzijde. Kook tot ze

gedeeltelijk gaar zijn en goudbruin worden, gedurende een paar minuten. Draai de forel voorzichtig om; kook tot ze gaar zijn, gedurende 12 tot 15 minuten, met de kap gesloten. Leg de filet op een grote serveerschaal.

2. Verhit ondertussen de overgebleven olie; knoflook op laag vuur in een kleine steelpan tot het net is opgewarmd; knoflook begint van kleur te veranderen. Verwijder en roer de kappertjes, citroensap en chili erdoor.

Besprenkel de forel met de bereide dressing en bestrooi met de verse peterselieblaadjes. Serveer direct met verse partjes citroen, geniet ervan.

Voedingsinformatie:kcal 170 Vet: 30 g Vezels: 2 g Eiwitten: 37 g

Curry Bloemkool En Kikkererwten Wraps

Ingrediënten:

1 Gember Vers

2 teentjes Knoflook

1 blik Kikkererwten

1 Rode Ui

8 ons bloemkoolroosjes

1 theelepel garam masala

2 eetlepels Arrowroot Zetmeel

1 Citroen

1 pak Koriander Vers

1/4 kopje veganistische yoghurt

4 wikkels

3 eetlepels geraspte kokos

4 ons babyspinazie

1 eetlepel Plantaardige Olie

1 theelepel zout en peper naar smaak

Routebeschrijving:

1. Verwarm de kachel voor op 205 °C (400 °F). Ris en hak 1 tl van de gember fijn. Hak de knoflook fijn. Kanaal en was de kikkererwten. Strip en snijd de rode ui in dunne ringen. Splits de citroen.

2. Smeer een verwarmingsplaat in met 1 el plantaardige olie. Meng in een grote kom het gembergehakt, de knoflook, het sap van een groot deel van de citroen, kikkererwten, gesneden rode ui, bloemkoolroosjes, garam masala, arrowrootzetmeel en 1/2 tl zout. Ga naar het bereidingsblad en maal in de grill tot de bloemkool delicaat is en op sommige plaatsen gebakken, ongeveer 20 tot 25 minuten.

3. Hak de korianderblaadjes en delicate stelen fijn. Klop in een kleine kom de koriander, yoghurt, 1 el citroensap en een snufje zout en peper door elkaar.

4. Plaats de omhulsels met folie en plaats ze in de kachel om ongeveer 3 tot 4 minuten op te warmen.

5. Plaats een kleine koekenpan met anti-aanbaklaag op middelhoog vuur en voeg de vernietigde kokosnoot toe. Rooster, schud het gerecht gewoonlijk tot het lekker gaar is, ongeveer 2 tot 3 minuten.

6. Leg de jonge spinazie en gekookte groenten tussen de warme wraps. Leg de bloemkoolkikkererwtenwraps op enorme borden en besprenkel met de koriandersaus. Bestrooi met geroosterde kokos

Boekweitnoedelsoep Porties: 4

Bereidingstijd: 25 minuten

Ingrediënten:

2 kopjes paksoi, gehakt

3 el. Tamari

3 bundels boekweitnoedels

2 kopjes Edamame Bonen

7 ons. Shiitake-champignons, gehakt

4 kopjes water

1 theelepel. Gember, geraspt

Scheutje Zout

1 teentje knoflook, geraspt

Routebeschrijving:

1. Plaats eerst water, gember, sojasaus en knoflook in een middelgrote pan op middelhoog vuur.

2. Breng het gember-sojasausmengsel aan de kook en roer dan de edamame en shiitake erdoor.

3. Ga door met koken voor nog eens 7 minuten of tot ze gaar zijn.

4. Kook vervolgens de sobanoedels volgens de aanwijzingen op de verpakking tot ze gaar zijn. Was en laat goed uitlekken.

5. Voeg nu de paksoi toe aan het shiitake-mengsel en kook nog een minuut of tot de paksoi geslonken is.

6. Verdeel ten slotte de sobanoedels over de serveerschalen en bedek ze met het paddenstoelenmengsel.

Voedingsinformatie:Calorieën: 234KcalEiwitten: 14,2gKoolhydraten: 35,1gVet: 4g

Gemakkelijke Zalmsalade Porties: 1

Bereidingstijd: 0 minuten

Ingrediënten:

1 kopje biologische rucola

1 blikje in het wild gevangen zalm

½ avocado, in plakjes

1 eetlepel olijfolie

1 theelepel Dijon-mosterd

1 theelepel zeezout

Routebeschrijving:

1. Begin met het mengen van de olijfolie, Dijon-mosterd en zeezout in een mengkom om de dressing te maken. Opzij zetten.

2. Stel de salade samen met de rucola als basis en garneer met de zalm en plakjes avocado.

3. Besprenkel met de dressing.

Voedingsinformatie:Totaal Koolhydraten 7g Voedingsvezels: 5g Eiwitten: 48g Totaal Vet: 37g Calorieën: 553

Groentesoep Porties: 4

Bereidingstijd: 40 minuten

Ingrediënten:

1 eetl. Kokosnootolie

2 kopjes Boerenkool, gehakt

2 stengels bleekselderij, in blokjes

½ van 15 ons. blik witte bonen, uitgelekt en afgespoeld 1 ui, groot en in blokjes gesneden

¼ theelepel. Zwarte peper

1 Wortel, medium & in blokjes

2 kopjes Bloemkool, in roosjes gesneden

1 theelepel. Kurkuma, geaard

1 theelepel. Zeezout

3 Knoflookteentjes, fijngehakt

6 kopjes groentebouillon

Routebeschrijving:

1. Verhit om te beginnen olie in een grote pan op middelhoog vuur.

2. Roer de ui door de pan en fruit deze 5 minuten of tot hij zacht is.

3. Doe de wortel plus bleekselderij in de pan en kook nog 4 minuten of tot de groenten zacht zijn.

4. Voeg nu de kurkuma, knoflook en gember toe aan het mengsel. Goed roeren.

5. Kook het groentemengsel 1 minuut of tot het geurt.

6. Giet vervolgens de groentebouillon samen met zout en peper en breng het mengsel aan de kook.

7. Zodra het begint te koken, voeg je de bloemkool toe. Zet het vuur lager en laat het groentemengsel 13 tot 15 minuten sudderen of tot de bloemkool zacht is.

8. Voeg als laatste de bonen en de boerenkool toe—Kook binnen 2 minuten.

9. Serveer het warm.

<u>Voedingsinformatie:</u>Calorieën 192Kcal Eiwitten: 12,6 g Koolhydraten: 24,6 g Vet: 6,4 g

Citroenachtige Knoflook Garnalen Porties: 4

Bereidingstijd: 15 minuten

Ingrediënten:

1 en ¼ pond garnalen, gekookt of gestoomd

3 eetlepels knoflook, gehakt

¼ kopje citroensap

2 eetlepels olijfolie

¼ kopje peterselie

Routebeschrijving:

1. Neem een kleine koekenpan en plaats deze op middelhoog vuur, voeg knoflook en olie toe en roerbak 1 minuut.

2. Voeg peterselie, citroensap toe en breng eventueel op smaak met zout en peper.

3. Voeg garnalen toe in een grote kom en breng het mengsel uit de koekenpan over de garnalen.

4. Laat afkoelen en serveer.

<u>Voedingsinformatie:</u>Calorieën: 130Vet: 3gKoolhydraten: 2gEiwitten: 22g

Blt Loempia's Ingrediënten:

nieuwe sla, gescheurde stukjes of gesneden

avocado bezuinigingen, discretionair

SESAM-SOJA DIPPERSAUS

1/4 kopje sojasaus

1/4 kopje koud water

1 Eetlepel Mayonaise (discretionair, dit maakt de duik fluweelachtig)

1 theelepel vers limoensap

1 theelepel sesamolie

1 theelepel srirachasaus of een hete saus (discretionair)<u>Routebeschrijving:</u>

1. middelgrote tomaat (zonder zaadjes en gesneden 1/4 "dik) 2. stukjes spek, gekookt

3. nieuwe basilicum, munt of andere kruiden

4. rijstpapier

Borst Met Blauwe Kaas Porties: 6

Bereidingstijd: 8 uur. 10 minuten

Ingrediënten:

1 kopje water

1/2 el knoflookpasta

1/4 kopje sojasaus

1 ½ pond corned beef borst

1/3 theelepel gemalen koriander

1/4 theelepel kruidnagel, gemalen

1 el olijfolie

1 sjalot, gesnipperd

2 ons. blauwe kaas, verkruimeld

Bak spray

Routebeschrijving:

1. Zet een pan op matig vuur en voeg olie toe om te verwarmen.

2. Gooi de sjalotten erdoor en roer en kook gedurende 5 minuten.

3. Roer de knoflookpasta erdoor en kook 1 minuut.

4. Breng het over naar de slowcooker, ingevet met kookspray.

5. Leg het borststuk in dezelfde pan en schroei aan beide kanten goudbruin.

6. Breng het rundvlees over naar de slowcooker samen met andere ingrediënten behalve kaas.

7. Doe het deksel erop en kook 8 uur. op laag vuur.

8. Garneer met kaas en serveer.

Voedingsinformatie:Calorieën 397, eiwit 23,5 g, vet 31,4 g, koolhydraten 3,9 g, vezels 0 g

Koude Soba Met Misodressing Ingrediënten:

6oz boekweit Soba-noedels

1/2 kopjes vernietigde wortels

1 kopje gestolde edamame, ontdooid 2 Perzische komkommers, gesneden

1 kopje gehakte koriander

1/4 kopje sesamzaadjes

2 eetlepels donkere sesamzaadjes

Witte misodressing (voor 2 kopjes)

2/3 kopje witte miso-lijm

Sap van 2 middelgrote citroenen

4 el rijstazijn

4 eetlepels extra vierge olijfolie

4 eetlepels uitgeperste sinaasappel

2 eetlepels nieuwe gemalen gember

2 el ahornsiroop

Routebeschrijving:

1. Kook sobanoedels volgens de richtlijnen in de bundel (zorg ervoor dat ze niet te gaar worden, anders worden ze plakkerig en blijven ze bij elkaar). Kanaliseer goed en verplaats naar een enorme kom 2. Voeg vernietigde wortelen, edamame, komkommer, koriander en sesamzaadjes toe

3. Om de dressing klaar te maken, mengt u alle ingrediënten in een blender. Meng tot een gladde massa

4. Giet de gewenste hoeveelheid dressing over de noedels (we gebruikten ongeveer anderhalve kop)

Gebakken Buffalo Bloemkool Stukjes Porties: 2

Bereidingstijd: 35 minuten

Ingrediënten:

¼ kopje water

¼ kopje bananenmeel

Een snufje zout en peper

1 stuk middelgrote bloemkool, in hapklare stukjes gesneden ½ kopje hete saus

2 eetlepels boter, gesmolten

Blauwe kaas of ranchdressing (optioneel)

Routebeschrijving:

1. Verwarm je oven voor op 425°F. Bekleed ondertussen een bakblik met folie.

2. Combineer het water, de bloem en een snufje zout en peper in een grote mengkom.

3. Meng goed tot alles goed gecombineerd is.

4. Voeg de bloemkool toe; gooi om grondig te coaten.

5. Breng het mengsel over in de bakvorm. Bak gedurende 15 minuten, één keer omdraaien.

6. Combineer tijdens het bakken de hete saus en boter in een kleine kom.

7. Giet de saus over de gebakken bloemkool.

8. Doe de gebakken bloemkool terug in de oven en bak verder voor 20 minuten.

9. Serveer direct met eventueel een ranchdressing erbij.

Voedingsinformatie:Calorieën: 168 Cal Vet: 5,6 g Eiwitten: 8,4 g Koolhydraten: 23,8 g Vezels: 2,8 g

Knoflook Kip Gebakken Met Basilicum & Tomaten Porties: 4

Bereidingstijd: 30 minuten

Ingrediënten:

½ middelgrote gele ui

2 el Olijfolie

3 Gehakte Knoflookteentjes

1 kopje basilicum (losjes gesneden)

1.lb kippenborst zonder botten

14,5-ounce Italiaanse gehakte tomaten

Zout peper

4 middelgrote courgettes (spiraalvormig tot noedels) 1 el gemalen rode paprika

2 el Olijfolie

Routebeschrijving:

1. Klop de stukjes kip fijn met een pan voor snel garen. Strooi zout, peper en olie over de stukjes kip en marineer beide kanten van de kip gelijkmatig.

2. Bak de stukjes kip op een grote hete koekenpan gedurende 2-3 minuten aan elke kant.

3. Fruit de ui in dezelfde koekenpan tot hij bruin is. Voeg tomaten, basilicumblaadjes en knoflook toe.

4. Laat het 3 minuten sudderen en voeg alle kruiden en kip toe aan de koekenpan.

5. Serveer het op het bord samen met pittige zoodles.

Voedingsinformatie:Calorieën 44 Koolhydraten: 7g Vet: 0g Eiwit: 2g

Romige Kurkuma Bloemkoolsoep Porties: 4

Bereidingstijd: 15 minuten

Ingrediënten:

2 eetlepels extra vierge olijfolie

1 prei, alleen het witte gedeelte, in dunne plakjes gesneden

3 kopjes bloemkoolroosjes

1 teen knoflook, gepeld

1 (1¼-inch) stuk verse gember, geschild en in plakjes gesneden 1½ theelepel kurkuma

½ theelepel zout

¼ theelepel versgemalen zwarte peper

¼ theelepel gemalen komijn

3 kopjes groentebouillon

1 kopje vol vet: kokosmelk

¼ kopje fijngehakte verse koriander

Routebeschrijving:

1. Verhit de olie op hoog vuur in een grote pan.

2. Fruit de prei in 3 tot 4 minuten gaar.

3. Doe de bloemkool, knoflook, gember, kurkuma, zout, peper en komijn erbij en bak 1 tot 2 minuten.

4. Doe de bouillon erbij en kook.

5. Binnen 5 minuten laten sudderen.

6. Pureer de soep met een staafmixer glad.

7. Roer de kokosmelk en koriander erdoor, verwarm door en serveer.

<u>Voedingsinformatie:</u>Calorieën 264 Totaal vet: 23 g Totaal koolhydraten: 12 g Suiker: 5 g Vezels: 4 g Eiwitten: 7 g Natrium: 900 mg

Champignons, Boerenkool En Zoete Aardappel Bruine Rijst

Porties: 4

Bereidingstijd: 50 minuten

Ingrediënten:

¼ kopje extra vierge olijfolie

4 kopjes grof gesneden boerenkoolbladeren

2 preien, alleen de witte delen, in dunne plakjes gesneden

1 kop gesneden champignons

2 teentjes knoflook, gehakt

2 kopjes geschilde zoete aardappelen in blokjes van ½ inch gesneden 1 kopje bruine rijst

2 kopjes groentebouillon

1 theelepel zout

¼ theelepel versgemalen zwarte peper

¼ kopje vers geperst citroensap

2 eetlepels fijngehakte verse bladpeterselie<u>Routebeschrijving:</u>

1. Verhit de olie op hoog vuur.

2. Voeg de boerenkool, prei, champignons en knoflook toe en bak tot ze zacht zijn, ongeveer 5 minuten.

3. Voeg de zoete aardappelen en rijst toe en bak ongeveer 3 minuten.

4. Voeg de bouillon, zout en peper toe en kook. Sudderen binnen 30 tot 40 minuten.

5. Voeg het citroensap en de peterselie toe en serveer.

<u>Voedingsinformatie:</u>Calorieën 425 Vet: 15g Totaal Koolhydraten: 65g Suiker: 6g Vezels: 6g Eiwitten: 11g Natrium: 1045mg

Gebakken Tilapia Recept Met Pecan Rozemarijn Topping

Porties: 4

Bereidingstijd: 20 minuten

Ingrediënten:

4 tilapiafilets (elk 4 ons)

½ theelepel bruine suiker of kokospalmsuiker 2 theelepels verse rozemarijn, gehakt

1/3 kopje rauwe pecannoten, gehakt

Een snufje cayennepeper

1 ½ theelepel olijfolie

1 groot eiwit

1/8 theelepel zout

1/3 kop panko paneermeel, bij voorkeur volkoren Routebeschrijving:

1. Verwarm je oven tot 350 F.

2. Roer de pecannoten met paneermeel, kokospalmsuiker, rozemarijn, cayennepeper en zout in een kleine ovenschaal. Voeg de olijfolie toe; toss.

3. Bak binnen 7 tot 8 minuten, tot het mengsel licht goudbruin kleurt.

4. Zet het vuur op 400 F en bedek een grote glazen ovenschaal met wat kookspray.

5. Klop het eiwit los in de ondiepe schaal. Werk in batches; dompel de vis (één tilapia per keer) in het eiwit en bedek vervolgens lichtjes in het pecannotenmengsel. Leg de gepaneerde filets in de ovenschaal.

6. Druk het overgebleven pecannotenmengsel over de tilapiafilets.

7. Bak binnen 8 tot 10 minuten. Serveer onmiddellijk en geniet ervan.

Voedingsinformatie:kcal 222 Vet: 10 g Vezels: 2 g Eiwitten: 27 g

Zwarte Bonen Tortilla Wrap Porties: 2

Bereidingstijd: 0 minuten

Ingrediënten:

¼ kopje maïs

1 handvol verse basilicum

½ kopje rucola

1 eetlepel voedingsgist

¼ kopje ingeblikte zwarte bonen

1 perzik, in plakjes

1 theelepel limoensap

2 glutenvrije tortilla's

Routebeschrijving:

1. Verdeel de bonen, maïs, rucola en perziken over de twee tortilla's.

2. Besprenkel elke tortilla met de helft van de verse basilicum en limoensapVoedingsinformatie:Totaal Koolhydraten 44g Voedingsvezels: 7g Eiwitten: 8g Totaal Vet: 1g Calorieën: 203

Witte Bonen Kip Met Winter Groene Groenten

Porties: 8

Bereidingstijd: 45 minuten

Ingrediënten:

4 Knoflookteentjes

1 el Olijfolie

3 middelgrote pastinaken

1kg Kleine blokjes kip

1 Theelepel komijnpoeder

2 Lekken & 1 Groen gedeelte

2 Wortelen (in blokjes gesneden)

1 ¼ witte bonen (een nacht geweekt)

½ Theelepel gedroogde oregano

2 Theelepel Kosjer zout

Korianderblaadjes

1 1/2 el Gemalen ancho pepers

Routebeschrijving:

1. Kook knoflook, prei, kip en olijfolie in een grote pan op middelhoog vuur gedurende 5 minuten.

2. Voeg nu wortelen en pastinaak toe en voeg na 2 minuten roeren alle kruideningrediënten toe.

3. Roer tot de geur er vanaf komt.

4. Voeg nu bonen en 5 kopjes water toe aan de pan.

5. Breng het aan de kook en zet het vuur lager.

6. Laat het bijna 30 minuten sudderen en garneer met peterselie en korianderblaadjes.

<u>Voedingsinformatie:</u>Calorieën 263 Koolhydraten: 24g Vet: 7g Eiwitten: 26g

Gekruide Gebakken Zalm Porties: 2

Bereidingstijd: 15 minuten

Ingrediënten:

10 ons. Zalmfilet

1 theelepel. Olijfolie

1 theelepel. Honing

1 theelepel. Dragon, vers

1/8 theelepel. Zout

2 theelepels. Dijon mosterd

¼ theelepel. Tijm, gedroogd

¼ theelepel. Oregano, gedroogd

Routebeschrijving:

1. Verwarm de oven voor op 425 ° F.

2. Meng daarna alle ingrediënten, behalve de zalm, in een middelgrote kom.

3. Schep dit mengsel nu gelijkmatig over de zalm.

4. Leg de zalm vervolgens met de huid naar beneden op de met bakpapier beklede bakplaat.

5. Bak tot slot 8 minuten of tot de vis uit elkaar valt.

Voedingsinformatie:Calorieën: 239KcalEiwitten: 31gKoolhydraten: 3gVet: 11g

Griekse Yoghurt Kipsalade

Ingrediënten:

Gehakte kip

Groene appel

rode ui

Selderij

Gedroogde cranberries

Routebeschrijving:

1. Griekse yoghurt-kip met gemengde groenten is zo'n buitengewone gedachte voor het bereiden van een avondmaaltijd. Je kunt het in een ambachtelijk geduw plaatsen en alleen dat eten of je kunt het in een super prep-compartiment stoppen met meer groenten, chips, enzovoort. Hier zijn enkele serveeraanbevelingen.

2. Op een stukje toast

3. In een tortilla met sla

4. Met frites of zoutjes

5. In een beetje ijsbergsla (koolhydraatarme keuze!)

Bonte Kikkererwten Salade

Ingrediënten:

1 avocado

1/2 knapperige citroen

1 blikje kikkererwten leeg (19 oz)

1/4 kopje gesneden rode ui

2 kopjes druiventomaten gesneden

2 kopjes in blokjes gesneden komkommer

1/2 kopje knapperige peterselie

3/4 kop in blokjes gesneden groene chime peper

Dressing

1/4 kopje olijfolie

2 eetlepels rode wijnazijn

1/2 theelepel komijn

zout en peper

Routebeschrijving:

1. Snij de avocado in 3D-vierkanten en doe ze in een kom. Pers het sap van 1/2 citroen uit boven de avocado en meng voorzichtig om te consolideren.

2. Voeg de resterende portie gemengde groene ingrediënten toe en gooi voorzichtig om toe te voegen.

3. Zet in ieder geval een uur voor serveren in de koelkast.

Porties Valencia Salade: 10

Bereidingstijd: 0 minuten

Ingrediënten:

1 theelepel. Kalamata-olijven in olie, ontpit, licht uitgelekt, gehalveerd, julienned

1 krop kleine Romeinse sla, gespoeld, gecentrifugeerd, in hapklare stukjes gesneden

½ stuk, kleine sjalot, julienned

1 theelepel. Dijon mosterd

½ kleine satsuma of mandarijn, alleen vruchtvlees

1 theelepel. witte wijn azijn

1 theelepel. extra vergine olijfolie

1 snufje verse tijm, fijngehakt

Snufje zeezout

Snufje zwarte peper, naar smaak

Routebeschrijving:

1. Combineer azijn, olie, verse tijm, zout, mosterd, zwarte peper en honing, indien gebruikt. Klop goed tot de dressing een beetje emulgeert.

2. Meng de resterende ingrediënten voor de salade in een slakom.

3. Sprenkel de dressing erover als je gaat serveren. Dien direct op met 1 sneetje suikervrij zuurdesembrood of zoutje.

Voedingsinformatie:Calorieën 238 Koolhydraten: 23g Vet: 15g Eiwitten: 8g

"Eat Your Greens" Soep Porties: 4

Bereidingstijd: 20 minuten

Ingrediënten:

¼ kopje extra vierge olijfolie

2 preien, alleen de witte delen, in dunne plakjes gesneden

1 venkelknol, schoongemaakt en in dunne plakjes gesneden

1 teen knoflook, gepeld

1 bosje snijbiet, grof gehakt

4 kopjes grof gesneden boerenkool

4 kopjes grof gehakte mosterdgroenten

3 kopjes groentebouillon

2 eetlepels appelazijn

1 theelepel zout

¼ theelepel versgemalen zwarte peper

¼ kopje gehakte cashewnoten (optioneel)

Routebeschrijving:

1. Verhit de olie op hoog vuur in een grote pan.

2. Voeg de prei, venkel en knoflook toe en bak ze ongeveer 5 minuten tot ze zacht zijn.

3. Voeg de snijbiet, boerenkool en mosterdgroenten toe en bak 2 tot 3 minuten tot de groenten slinken.

4. Doe de bouillon erbij en kook.

5. Binnen 5 minuten laten sudderen.

6. Roer de azijn, zout, peper en cashewnoten erdoor (indien gebruikt).

7. Pureer de soep met een staafmixer tot een gladde massa en serveer.

Voedingsinformatie:Calorieën 238 Totaal vet: 14 g Totaal koolhydraten: 22 g Suiker: 4 g Vezels: 6 g Eiwitten: 9 g Natrium: 1294 mg

Miso zalm en sperziebonen Porties: 4

Bereidingstijd: 25 minuten

Ingrediënten:

1 eetlepel sesamolie

1 pond sperziebonen, bijgesneden

1 pond zalmfilets op de huid, in 4 steaks gesneden ¼ kopje witte miso

2 theelepels glutenvrije tamari- of sojasaus 2 lente-uitjes, in dunne plakjes

Routebeschrijving:

1. Verwarm de oven voor op 400°F. Vet de bakplaat in met de olie.

2. Leg de sperziebonen, vervolgens de zalm op de sperziebonen en bestrijk elk stuk met de miso.

3. Braad binnen 20 tot 25 minuten.

4. Besprenkel met de tamari, bestrooi met de bosui en serveer.

Voedingsinformatie:Calorieën 213 Totaal vet: 7 g Totaal koolhydraten: 13 g Suiker: 3 g Vezels: 5 g Eiwit: 27 g Natrium: 989 mg

Porties Prei, Kip En Spinaziesoep: 4

Bereidingstijd: 15 minuten

Ingrediënten:

3 eetlepels ongezouten boter

2 preien, alleen de witte delen, in dunne plakjes gesneden

4 kopjes babyspinazie

4 kopjes kippenbouillon

1 theelepel zout

¼ theelepel versgemalen zwarte peper

2 kopjes geraspte rotisserie-kip

1 eetlepel dun gesneden verse bieslook

2 theelepels geraspte of fijngehakte citroenschil

Routebeschrijving:

1. Los de boter op hoog vuur op in een grote pan.

2. Voeg de prei toe en bak tot ze zacht zijn en bruin beginnen te worden, 3

tot 5 minuten.

3. Voeg de spinazie, bouillon, zout en peper toe en kook.

4. Laat sudderen binnen 1 tot 2 minuten.

5. Leg de kip en kook binnen 1 tot 2 minuten.

6. Bestrooi met bieslook en citroenrasp en serveer.

<u>Voedingsinformatie:</u>Calorieën 256 Totaal vet: 12 g Totaal koolhydraten: 9 g Suiker: 3 g Vezels: 2 g Eiwitten: 27 g Natrium: 1483 mg

Porties Dark Choco Bombs: 24

Bereidingstijd: 5 minuten

Ingrediënten:

1 kopje slagroom

1 kopje roomkaas verzacht

1 theelepel vanille-essence

1/2 kopje donkere chocolade

2 ons. Stevia

Routebeschrijving:

1. Smelt chocolade in een kom door deze in een magnetron te verwarmen.

2. Klop de rest van de ingrediënten met een mixer tot een luchtig geheel en roer dan de chocoladesmelt erdoor.

3. Meng goed en verdeel het mengsel over een muffinbakplaat bekleed met muffinvormpjes.

4. Zet 3 uur in de koelkast.

5. Serveer.

Voedingsinformatie: Calorieën 97 Vet 5 g, Koolhydraten 1 g, Eiwitten 1 g, Vezels 0 g

Porties Italiaanse Gevulde Paprika's: 6

Bereidingstijd: 40 minuten

Ingrediënten:

1 theelepel knoflookpoeder

1/2 kopje mozzarella, versnipperd

1 pond mager gehakt

1/2 kop Parmezaanse kaas

3 paprika's, in de lengte gehalveerd, stelen, zaden en ribben verwijderd

1 (10 oz.) pakket bevroren spinazie

2 kopjes marinarasaus

1/2 theelepel zout

1 theelepel Italiaanse kruiden

Routebeschrijving:

1. Smeer een met folie beklede bakplaat in met antiaanbakspray. Leg de paprika's op de bakplaat.

2. Voeg kalkoen toe aan een pan met antiaanbaklaag en kook op middelhoog vuur tot het niet meer roze is.

3. Voeg als het bijna gaar is 2 kopjes marinarasaus en kruiden toe - Kook ongeveer 8-10 minuten.

4. Voeg spinazie toe samen met 1/2 kopje Parmezaanse kaas. Roer tot alles goed gemengd is.

5. Voeg een halve kop van het vleesmengsel toe aan elke paprika en verdeel de kaas over alles - Verwarm de oven voor op 450 F.

6. Paprika's ongeveer 25-30 minuten bakken. Koel en serveer.

Voedingsinformatie:150 calorieën 2 g vet 11 g totale koolhydraten 20 g eiwit

Gerookte Forel Verpakt In Sla Porties: 4

Bereidingstijd: 45 minuten

Ingrediënten:

¼ kopje in zout geroosterde aardappelen

1 kop druiventomaten

½ kopje basilicumblaadjes

16 kleine en middelgrote slablaadjes

1/3 kopje Aziatische zoete chili

2 wortelen

1/3 kopje sjalotten (dun gesneden)

¼ kopje dunne plak Jalapenos

1 el Suiker

2-4,5 ounce gerookte forel zonder vel

2 eetlepels vers limoensap

1 Komkommer

Routebeschrijving:

1. Snijd wortelen en komkommer in dunne reepjes.

2. Marineer deze groenten 20 min met suiker, vissaus, limoensap, sjalotten en jalapeno.

3. Voeg stukjes forel en andere kruiden toe aan dit groentemengsel en meng.

4. Zeef het water uit het mengsel van groenten en forel en meng het opnieuw.

5. Leg de slablaadjes op een bord en verdeel de forelsalade erover.

6. Garneer deze salade met pinda's en chilisaus.

<u>Voedingsinformatie:</u>Calorieën 180 Koolhydraten: 0g Vet: 12g Eiwitten: 18g

Ingrediënten Gevulde Eiersalade:

12 enorme eieren

1/4 kop gesneden groene ui

1/2 kopje gesneden bleekselderij

1/2 kopje gesneden rode chime peper

2 eetlepels Dijon-mosterd

1/3 kopje mayonaise

1 eetlepel sap, witte wijn of sherryazijn 1/4 theelepel Tabasco of andere hete saus (vrij veel naar smaak) 1/2 theelepel paprika (vrij veel naar smaak) 1/2 theelepel donkere peper (vrij veel naar smaak) 1/4 theelepel zout (meer naar smaak)

Routebeschrijving:

1. De eieren hard opwarmen: De eenvoudigste methode om harde bubbelende eieren te maken die allesbehalve moeilijk te strippen zijn, is door ze te stomen.

Vul een pan met 1 inch water en voeg een stoomkoker toe. (Als je geen stoomkoker hebt, is dat goed.) 2. Verwarm het water tot het kookpunt, plaats de eieren voorzichtig in de stoombak of gewoon in de pan. Spreid de pan uit. Zet je klok op 15 minuten. Evacueer de eieren en zet ze in ijskoud viruswater om af te koelen.

3. Bereid de eieren en groenten voor: Hak de eieren grof en doe ze in een grote kom. Voeg de groene ui, selderij en rode peper toe.

4. Maak het bord met gemengde groenten: combineer in een kleine kom de mayo, mosterd, azijn en tabasco. Meng de mayodressing voorzichtig in de kom met de eieren en groenten. Voeg de paprika en zout en donkere peper toe. Verander smaakmakers naar smaak.

Sesam-tamari Gebakken Kip Met Sperziebonen

Porties: 4

Bereidingstijd: 45 minuten

Ingrediënten:

1 pond sperziebonen, bijgesneden

4 kipfilets met bot en vel

2 eetlepels honing

1 eetlepel sesamolie

1 eetlepel glutenvrije tamari- of sojasaus 1 kopje kippen- of groentebouillon

Routebeschrijving:

1. Verwarm de oven voor op 400°F.

2. Schik de sperziebonen op een groot omrande bakplaat.

3. Leg de kip met het vel naar boven op de bonen.

4. Besprenkel met de honing, olie en tamari. Voeg de bouillon toe.

5. Braad binnen 35 tot 40 minuten. Verwijder, laat het 5 minuten rusten en serveer.

Voedingsinformatie:Calorieën 378 Totaal vet: 10 g Totaal koolhydraten: 19 g Suiker: 10 g Vezels: 4 g Eiwitten: 54 g Natrium: 336 mg

Gember Kip Stoofpot Porties: 6

Bereidingstijd: 20 minuten

Ingrediënten:

¼ kopje kippendijfilet, in blokjes gesneden

¼ kopje gekookte eiernoedels

1 onrijpe papaja, geschild, in blokjes

1 kopje kippenbouillon, natriumarm, vetarm

1 medaillon gember, geschild, gekneusd

scheutje uienpoeder

scheutje knoflookpoeder, voeg indien gewenst meer toe

1 kopje water

1 theelepel. vissaus

snufje witte peper

1 stuk, kleine bird's eye chili, fijngehakt

Routebeschrijving:

1. Doe al het beslag in een grote braadpan op hoog vuur. B' olie.

Draai het vuur naar de laagste stand. Doe het deksel erop.

2. Laat de stoofpot 20 minuten koken of tot de papaja gaar is.

Zet het vuur uit. Consumeer zoals het is, of met ½ kopje gekookte rijst. Serveer warm.

<u>Voedingsinformatie:</u>Calorieën 273 Koolhydraten: 15g Vet: 9g Eiwitten: 33g

Romige Garbano Salade Ingrediënten:

Bord met gemengde groenten

2 14 oz potten kikkererwten

3/4 kopje Wortel kleine shakers

3/4 kopje Selderij kleine shakers

3/4 kop Paprika Kleine shakers

1 lente-ui gehackt

1/4 kopje rode ui kleine shakers

1/2 Grote Avocado

6 oz gladde tofu

1 eetlepel appelcider azijn

1 eetlepel citroensap

1 eetlepel Dijon-mosterd

1 eetlepel Sweet Relish

1/4 tl Gerookte Paprika

1/4 theelepel Selderijzaad

1/4 theelepel zwarte peper

1/4 tl Mosterdpoeder

Zeezout naar smaak

Sandwich fix'ns

Gekweekt Volkoren Brood

Snijd Roma-tomaten

Sla uitspreiden

Routebeschrijving:

1. Maak je klaar en snij je wortels, selderij, chime peper, rode ui en lente-ui in een kleine mengkom. Zet op een veilige plek.

2. Gebruik een kleine staafmixer of keukenmachine om de avocado, tofu, appelazijn, citroensap en mosterd tot een gladde massa te mixen.

3. Zeef en was je garbanzos en doe ze in een middelgrote mengkom. Plet met een aardappelstamper of een vork de bonen tot de meeste gescheiden zijn en het begint te lijken op visschotel met gemengde groenten. Je hebt het niet nodig om glad te zijn, maar afgewerkt en stevig. Breng de boontjes op smaak met een snufje zout en peper.

4. Voeg de gesneden groenten, avocado-tofu-crème en de rest van de smaken toe en geniet en meng goed. Proef en verander zoals aangegeven door uw neiging.

Wortelnoedels Met Gember Limoen Pindasaus

Ingrediënten:

Voor de wortelpasta:

5 enorme wortelen, gestript en in julienne gesneden of in dunne reepjes gedraaid 1/3 kop (50 g) gekookte cashewnoten

2 eetlepels nieuwe koriander, fijngehakt

Voor de gember-pindasaus:

2 eetlepels rijke nootachtige spread

4 eetlepels gewone kokosmelk

Knijp cayennepeper uit

2 enorme teentjes knoflook, fijngehakt

1 eetlepel nieuwe gember, gestript en gemalen 1 eetlepel limoensap

Zout, naar smaak

Routebeschrijving:

1. Consolideer alle sausingrediënten in een kleine kom en combineer tot een gladde en rijke saus en bewaar op een veilige plek terwijl u de wortels julienne/spiraalvormig maakt.

2. In een grote serveerschaal de wortelen en saus voorzichtig door elkaar gooien tot ze gelijkmatig bedekt zijn. Top met geroosterde cashewnoten (of pinda's) en vers gehakte koriander.

Geroosterde Groenten Met Zoete Aardappelen En Witte Bonen

Porties: 4

Bereidingstijd: 25 minuten

Ingrediënten:

2 kleine zoete aardappelen, in blokjes

½ rode ui, in blokjes van ¼ inch gesneden

1 middelgrote wortel, geschild en in dunne plakjes gesneden

4 ons sperziebonen, bijgesneden

¼ kopje extra vierge olijfolie

1 theelepel zout

¼ theelepel versgemalen zwarte peper

1 (15½-ounce) blik witte bonen, uitgelekt en afgespoeld 1 eetlepel fijngehakte of geraspte citroenschil

1 eetlepel gehakte verse dille

Routebeschrijving:

1. Verwarm de oven voor op 400°F.

2. Combineer de zoete aardappelen, ui, wortel, sperziebonen, olie, zout en peper op een groot omrande bakplaat en meng om goed te combineren. Schik in een enkele laag.

3. Rooster tot de groenten zacht zijn, 20 tot 25 minuten.

4. Voeg de witte bonen, citroenschil en dille toe, meng goed en serveer.

Voedingsinformatie:Calorieën 315 Totaal vet: 13 g Totaal koolhydraten: 42 g Suiker: 5 g Vezels: 13 g Eiwitten: 10 g Natrium: 632 mg

Boerenkoolsalade Porties: 1

Bereidingstijd: 0 minuten

Ingrediënten:

1 kopje verse boerenkool

½ kopje bosbessen

½ kopje ontpitte kersen gehalveerd

¼ kopje gedroogde veenbessen

1 eetlepel sesamzaadjes

2 eetlepels olijfolie

Sap van 1 citroen

Routebeschrijving:

1. Meng de olijfolie en het citroensap en meng de boerenkool door de dressing.

2. Doe de boerenkoolbladeren in een slakom en garneer met de verse bosbessen, kersen en veenbessen.

3. Werk af met de sesamzaadjes.

Voedingsinformatie:Totaal Koolhydraten 48g Voedingsvezels: 7g Eiwitten: 6g Totaal Vet: 33g Calorieën: 477

Porties van gekoeld glas met kokos en hazelnoot: 1

Bereidingstijd: 0 minuut

Ingrediënten:

½ kopje kokos-amandelmelk

¼ kopje hazelnoten, gehakt

1 en ½ kopje water

1 pakje stevia

Routebeschrijving:

1. Voeg vermelde ingrediënten toe aan de blender

2. Mix tot je een gladde en romige textuur hebt 3. Serveer gekoeld en geniet ervan!

Voedingsinformatie: Calorieën: 457 Vet: 46 g Koolhydraten: 12 g Eiwitten: 7 g

Koele Garbanzo En Spinaziebonen Porties: 4

Bereidingstijd: 0 minuut

Ingrediënten:

1 eetlepel olijfolie

½ ui, in blokjes

10 ons spinazie, gehakt

12 ons kekerbonen

½ theelepel komijn

Routebeschrijving:

1. Neem een koekenpan en voeg olijfolie toe, laat het op middelhoog vuur opwarmen 2. Voeg uien, garbanzo toe en kook 5 minuten 3. Roer spinazie, komijn, kekerbonen erdoor en breng op smaak met zout 4. Gebruik een lepel om te breken voorzichtig

5. Kook grondig tot het verwarmd is, geniet ervan!

Voedingsinformatie:Calorieën: 90Vet: 4gKoolhydraten: 11gEiwitten: 4g

Tarobladeren In Kokossaus Porties: 5

Bereidingstijd: 20 minuten

Ingrediënten:

4 kopjes gedroogde tarobladeren

2 blikken kokosroom, verdeeld

¼ kopje gemalen varkensvlees, 90% mager

1 theelepel. garnalen pasta

1 chilipeper, fijngehakt

Routebeschrijving:

1. Behalve 1 blikje kokosroom doe je alle ingrediënten in een crockpot op medium stand. Veilig deksel. Kook ongestoord gedurende 3 tot 3½ uur.

2. Giet het resterende blikje kokosroom erbij voordat je het vuur uitzet. Roer en serveer.

Voedingsinformatie:Calorieën 264 Koolhydraten: 8g Vet: 24g Eiwitten: 4g

Geroosterde Tofu En Groenten Porties: 4

Bereidingstijd: 20 minuten

Ingrediënten:

3 kopjes babyspinazie of boerenkool

1 eetlepel sesamolie

1 eetlepel gember, gehakt

1 teentje knoflook, fijngehakt

1 pond stevige tofu, in blokjes van 1 inch gesneden

1 eetlepel glutenvrije tamari- of sojasaus ¼ theelepel rode pepervlokken (optioneel)

1 theelepel rijstazijn

2 lente-uitjes, dun gesneden

Routebeschrijving:

1. Verwarm de oven voor op 400°F.

2. Combineer de spinazie, olie, gember en knoflook op een groot omrande bakplaat.

3. Bak tot de spinazie geslonken is, 3 tot 5 minuten.

4. Voeg de tofu, tamari en rode pepervlokken (indien gebruikt) toe en meng om goed te combineren.

5. Bak tot de tofu bruin begint te worden, 10 tot 15 minuten.

6. Werk af met de azijn en lente-uitjes en serveer.

Voedingsinformatie:Calorieën 121 Totaal vet: 8 g Totaal koolhydraten: 4 g Suiker: 1 g Vezels: 2 g Eiwitten: 10 g Natrium: 258 mg

Gekruide Broccoli, Bloemkool En Tofu Met Rode Ui

Porties: 2

Bereidingstijd: 25 minuten

Ingrediënten:

2 kopjes broccoliroosjes

2 kopjes bloemkoolroosjes

1 middelgrote rode ui, in blokjes gesneden

3 eetlepels extra vierge olijfolie

1 theelepel zout

¼ theelepel versgemalen zwarte peper

1 pond stevige tofu, in blokjes van 1 inch gesneden

1 teentje knoflook, fijngehakt

1 (¼-inch) stuk verse gember, fijngehakt

Routebeschrijving:

1. Verwarm de oven voor op 400°F.

2. Combineer de broccoli, bloemkool, ui, olie, zout en peper op een groot omrande bakplaat en meng goed.

3. Rooster tot de groenten zacht zijn geworden, 10 tot 15 minuten.

4. Voeg de tofu, knoflook en gember toe. Braad binnen 10 minuten.

5. Meng de ingrediënten voorzichtig op de bakplaat om de tofu met de groenten te combineren en serveer.

Voedingsinformatie:Calorieën 210 Totaal vet: 15 g Totaal koolhydraten: 11 g Suiker: 4 g Vezels: 4 g Eiwitten: 12 g Natrium: 626 mg

Bonen En Zalm Pan Porties: 4

Bereidingstijd: 25 minuten

Ingrediënten:

1 kopje zwarte bonen uit blik, uitgelekt en gespoeld 4 teentjes knoflook, fijngehakt

1 gele ui, gesnipperd

2 eetlepels olijfolie

4 zalmfilets, zonder graat

½ theelepel koriander, gemalen

1 theelepel kurkumapoeder

2 tomaten, in blokjes

½ kopje kippenbouillon

Een snufje zout en zwarte peper

½ theelepel komijnzaad

1 eetlepel bieslook, gehakt

Routebeschrijving:

1. Verhit een pan met de olie op middelhoog vuur, voeg de ui en de knoflook toe en fruit 5 minuten.

2. Voeg de vis toe en schroei deze 2 minuten aan elke kant dicht.

3. Voeg de bonen en de andere ingrediënten toe, meng voorzichtig en kook nog 10 minuten.

4. Verdeel de mix over de borden en serveer direct als lunch.

Voedingsinformatie:calorieën 219, vet 8, vezels 8, koolhydraten 12, eiwit 8

Wortelsoep Porties: 4

Bereidingstijd: 40 minuten

Ingrediënten:

1 kop Butternut Squash, gehakt

1 eetl. Olijfolie

1 eetl. Kurkuma poeder

14 ½ ons. Kokosmelk, licht

3 kopjes Wortel, gehakt

1 Prei, gespoeld en in plakjes

1 eetl. Gember, geraspt

3 kopjes groentebouillon

1 kopje Venkel, gehakt

Zout & Peper, naar smaak

2 teentjes knoflook, fijngehakt

Routebeschrijving:

1. Begin met het verwarmen van een braadpan op middelhoog vuur.

2. Voeg hier de olie aan toe en roer dan venkel, pompoen, wortelen en prei erdoor. Goed mengen.

3. Bak het nu 4 tot 5 minuten of tot het zacht is.

4. Voeg vervolgens kurkuma, gember, peper en knoflook toe. Kook nog 1 tot 2 minuten.

5. Giet vervolgens de bouillon en kokosmelk erbij. Combineer goed.

6. Breng daarna het mengsel aan de kook en dek de braadpan af.

7. Laat het 20 minuten sudderen.

8. Breng het mengsel, eenmaal gekookt, over in een hogesnelheidsblender en mix gedurende 1 tot 2 minuten of tot u een romige, gladde soep krijgt.

9. Controleer op kruiden en voeg indien nodig meer zout en peper toe.

Voedingsinformatie:Calorieën: 210.4KcalEiwitten: 2.11gKoolhydraten: 25.64gVet: 10.91g

Porties gezonde pastasalade: 6

Bereidingstijd: 10 minuten

Ingrediënten:

1 pakje glutenvrije fusilli pasta

1 kopje druiventomaten, in plakjes

1 handvol verse koriander, gehakt

1 kop olijven, gehalveerd

1 kopje verse basilicum, gehakt

½ kopje olijfolie

Zeezout naar smaak

Routebeschrijving:

1. Klop de olijfolie, gehakte basilicum, koriander en zeezout door elkaar.

Opzij zetten.

2. Kook de pasta volgens de aanwijzingen op de verpakking, zeef en spoel af.

3. Combineer de pasta met de tomaten en olijven.

4. Voeg het olijfoliemengsel toe en meng tot alles goed gecombineerd is.

Voedingsinformatie:Totaal Koolhydraten 66g Voedingsvezels: 5g Eiwitten: 13g Totaal Vet: 23g Calorieën: 525

Kikkererwten Curry Porties: 4 tot 6

Bereidingstijd: 25 minuten

Ingrediënten:

2 × 15 ons. Kikkererwten, gewassen, uitgelekt en gekookt 2 el. Olijfolie

1 eetl. Kurkuma poeder

½ van 1 ui, in blokjes gesneden

1 theelepel. Cayenne, geaard

4 Knoflookteentjes, fijngehakt

2 theelepels. Chili poeder

15 ons. Tomatenpuree

Zwarte peper, indien nodig

2 eetlepels. Tomatenpuree

1 theelepel. Cayenne, geaard

½ eetl. Ahornsiroop

½ van 15 ons. blikje Kokosmelk

2 theelepels. Komijn, geaard

2 theelepels. Gerookte paprika

Routebeschrijving:

1. Verhit een grote koekenpan op middelhoog vuur. Hiertoe lepel je de olie in.

2. Zodra de olie heet is, roer je de ui erdoor en bak je 3 tot 4 minuten minuten of tot ze zacht zijn.

3. Schep vervolgens de tomatenpuree, ahornsiroop, alle kruiden, tomatenpuree en knoflook erin. Goed mengen.

4. Voeg dan de gekookte kikkererwten toe samen met kokosmelk, zwarte peper en zout.

5. Roer nu alles goed door en laat het 8 tot 10 minuten sudderen minuten of tot het ingedikt is.

6. Druppel er limoensap over en garneer eventueel met koriander.

Voedingsinformatie:Calorieën: 224KcalEiwitten: 15,2gKoolhydraten: 32,4gVet: 7,5g

Gehakt Stroganoff Ingrediënten:

1 pond mager gehakt

1 kleine ui in blokjes

1 teen knoflook fijngehakt

3/4 lb nieuwe champignons gesneden

3 eetlepels meel

2 kopjes vleesbouillon

zout en peper naar smaak

2 theelepels worcestershiresaus

3/4 kopje scherpe room

2 eetlepels nieuwe peterselie

Routebeschrijving:

1. Donkergekleurde gemalen hamburger, ui en knoflook (probeer niet iets over de bovenkant te splijten) in een schaal tot er geen roze meer over is. Kanaal vet.

2. Voeg gesneden champignons toe en kook 2-3 minuten. Meng de bloem erdoor en kook 1 minuut geleidelijk.

3. Voeg bouillon, Worcestershire-saus, zout en peper toe en verwarm tot het kookpunt. Verminder warmte en stoof op laag 10 minuten.

Kook eiernoedels zoals aangegeven door de titels van de bundels.

4. Haal het vleesmengsel uit de hitte, meng de scherpe room en peterselie erdoor.

5. Serveer over eiernoedels.

Saucy Short Ribs Porties: 4

Bereidingstijd: 65 minuten

Ingrediënten:

2 pond. runder shortribs

1 ½ tl olijfolie

1 ½ el sojasaus

1 el worcestershiresaus

1 el stevia

1 ¼ kopjes ui gehakt.

1 tl knoflook fijngehakt

1/2 kopje rode wijn

⅓ kopje ketchup, suikervrij

Zout en zwarte peper naar smaak

Routebeschrijving:

1. Snijd de ribben in 3 segmenten en wrijf ze in met zwarte peper en zout.

2. Voeg olie toe aan de Instant Pot en druk op Sauté.

3. Leg de ribben in de olie en schroei 5 minuten per kant dicht.

4. Doe de ui erbij en bak 4 minuten.

5. Roer de knoflook erdoor en bak 1 minuut.

6. Klop de rest van de ingrediënten in een kom en giet over de ribben.

7. Plaats het drukdeksel en kook gedurende 55 minuten in de handmatige modus onder hoge druk.

8. Als u klaar bent, laat u de druk op natuurlijke wijze ontsnappen en verwijdert u het deksel.

9. Serveer warm.

Voedingsinformatie:Calorieën 555, koolhydraten 12,8 g, eiwit 66,7 g, vet 22,3 g, vezels 0,9 g

Kip en glutenvrije noedelsoep Porties: 4

Bereidingstijd: 25 minuten

Ingrediënten:

¼ kopje extra vierge olijfolie

3 stengels bleekselderij, in plakjes van ¼ inch gesneden

2 middelgrote wortelen, in blokjes van ¼ inch gesneden

1 kleine ui, in blokjes van ¼ inch gesneden

1 takje verse rozemarijn

4 kopjes kippenbouillon

8 ons glutenvrije penne

1 theelepel zout

¼ theelepel versgemalen zwarte peper

2 kopjes in blokjes gesneden rotisserie-kip

¼ kopje fijngehakte verse bladpeterselie Routebeschrijving:

1. Verhit de olie op hoog vuur in een grote pan.

2. Doe de bleekselderij, wortelen, ui en rozemarijn en bak tot ze zacht zijn, 5 tot 7 minuten.

3. Voeg de bouillon, penne, zout en peper toe en kook.

4. Laat sudderen en kook tot de penne zacht is, 8 tot 10 minuten.

5. Verwijder het takje rozemarijn, gooi het weg en voeg de kip en peterselie toe.

6. Zet het vuur laag. Kook binnen 5 minuten en serveer.

Voedingsinformatie:Calorieën 485 Totaal vet: 18 g Totaal koolhydraten: 47 g Suiker: 4 g Vezels: 7 g Eiwitten: 33 g Natrium: 1423 mg

Linzen Curry Porties: 4

Bereidingstijd: 40 minuten

Ingrediënten:

2 theelepels. Mosterdzaden

1 theelepel. Kurkuma, geaard

1 kop Linzen, geweekt

2 theelepels. Komijn Zaden

1 Tomaat, groot en in stukjes

1 gele ui, fijn gesneden

4 kopjes water

Zeezout, naar behoefte

2 Wortelen, in halve maantjes gesneden

3 handvol spinazieblaadjes, versnipperd

1 theelepel. Gember, gehakt

½ theelepel. Chili poeder

2 eetlepels. Kokosnootolie

Routebeschrijving:

1. Plaats eerst de mungbonen en het water in een diepe pan op middelhoog vuur.

2. Breng nu het bonenmengsel aan de kook en laat het sudderen.

3. Laat sudderen binnen 20 tot 30 minuten of tot de mungbonen zacht zijn.

4. Verhit vervolgens de kokosolie in een grote pan op middelhoog vuur en roer de mosterdzaadjes en komijnzaadjes erdoor.

5. Als de mosterdzaadjes knappen, doe dan de uien. Fruit de uien voor 4 minuten of tot ze zacht zijn geworden.

6. Voeg de knoflook toe en bak nog 1 minuut.

Eenmaal aromatisch, lepel je de kurkuma en het chilipoeder erbij.

7. Voeg dan de wortel en tomaat toe—Bak 6 minuten of tot ze zacht zijn.

8. Voeg als laatste de gekookte linzen toe en roer alles goed door.

9. Roer de spinazieblaadjes erdoor en bak tot ze geslonken zijn. Haal van het vuur. Serveer het warm en geniet ervan.

Voedingsinformatie:Calorieën 290Kcal Eiwitten: 14g Koolhydraten: 43g Vet: 8g

Kip En Erwten Roerbak Porties: 4

Bereidingstijd: 10 minuten

Ingrediënten:

1 ¼ kopjes kippenborst zonder vel, in dunne plakjes gesneden 3 eetlepels verse koriander, gehakt

2 eetlepels plantaardige olie

2 eetlepels sesamzaadjes

1 bosje lente-uitjes, dun gesneden

2 theelepels Sriracha

2 teentjes knoflook, gehakt

2 eetlepels rijstazijn

1 paprika, in dunne plakjes

3 eetlepels sojasaus

2½ kopje erwten

Zout, naar smaak

Versgemalen zwarte peper, naar smaak

Routebeschrijving:

1. Verhit de olie in een pan op middelhoog vuur. Voeg knoflook en dun gesneden lente-uitjes toe. Laat een minuut koken en voeg dan 2 ½ kopjes erwten samen met paprika toe. Kook tot ze gaar zijn, slechts ongeveer 3-4 minuten.

2. Voeg de kip toe en kook ongeveer 4-5 minuten, of tot het goed gaar is.

3. Voeg 2 theelepels Sriracha, 2 eetlepels sesamzaadjes, 3

eetlepels sojasaus en 2 eetlepels rijstazijn. Gooi alles tot alles goed gecombineerd is. Laat 2-3 minuten sudderen op laag vuur.

4. Voeg 3 eetlepels gehakte koriander toe en roer goed door. Breng over en bestrooi met extra sesamzaadjes en koriander, indien nodig. Genieten!

Voedingsinformatie:228 calorieën 11 g vet 11 g totale koolhydraten 20 g eiwit

Sappige Broccolini Met Ansjovis Amandelen

Porties: 6

Bereidingstijd: 10 minuten

Ingrediënten:

2 bosjes broccolini, bijgesneden

1 eetlepel extra vierge olijfolie

1 lange verse rode chilipeper, ontpit, fijngehakt 2 teentjes knoflook, in dunne plakjes gesneden

¼ kopje natuurlijke amandelen, grof gehakt

2 theelepels citroenschil, fijn geraspt

Een scheutje citroensap, vers

4 ansjovis in olie, gehakt

Routebeschrijving:

1. Verwarm de olie in een grote pan tot heet. Voeg de uitgelekte ansjovis, knoflook, chili en citroenschil toe. Kook tot aromatisch, voor 30

seconden, regelmatig roeren. Voeg de amandel toe en blijf nog een minuut koken, onder regelmatig roeren. Haal van het vuur en voeg een scheutje vers citroensap toe.

2. Doe de broccolini vervolgens in een stoommandje boven een pan met kokend water. Dek af en kook tot ze knapperig zijn, voor 2

tot 3 minuten. Laat goed uitlekken en doe het dan over op een grote serveerschaal. Werk af met het amandelmengsel. Genieten.

Voedingsinformatie:kcal 350 Vet: 7 g Vezels: 3 g Eiwitten: 6 g

Shiitake En Spinazie Pattie Porties: 8

Bereidingstijd: 15 minuten

Ingrediënten:

1 ½ kopje shiitake paddenstoelen, fijngehakt

1 ½ kopjes spinazie, gehakt

3 teentjes knoflook, gehakt

2 uien, gehakt

4 theelepels. olijfolie

1 ei

1 ½ kopje quinoa, gekookt

1 ½ theelepel. Italiaanse kruiden

1/3 kopje geroosterde zonnebloempitten, gemalen

1/3 kopje Pecorino-kaas, geraspt

Routebeschrijving:

1. Verhit olijfolie in een pan. Bak de shiitake-champignons 3 minuten of tot ze licht geschroeid zijn. Voeg knoflook en ui toe. Bak gedurende 2 minuten of tot geurig en doorschijnend. Opzij zetten.

2. Verhit in dezelfde pan de resterende olijfolie. Voeg spinazie toe. Zet het vuur lager, laat 1 minuut sudderen, giet af en doe in een zeef.

3. Hak spinazie fijn en voeg toe aan het champignonmengsel. Voeg het ei toe aan het spinaziemengsel. Voeg gekookte quinoa toe - breng op smaak met Italiaanse kruiden en mix tot alles goed gecombineerd is. Strooi zonnebloempitten en kaas.

4. Verdeel het spinaziemengsel in pasteitjes - Kook pasteitjes binnen 5 minuten of tot ze stevig en goudbruin zijn. Serveer met burgerbrood.

Voedingsinformatie:Calorieën 43 Koolhydraten: 9g Vet: 0g Eiwitten: 3g

Broccoli Bloemkool Salade Porties: 6

Bereidingstijd: 20 minuten

Ingrediënten:

¼ theelepel. Zwarte peper, geaard

3 kopjes bloemkoolroosjes

1 eetl. Azijn

1 theelepel. Honing

8 kopjes boerenkool, gehakt

3 kopjes Broccoliroosjes

4 el. Extra vergine olijfolie

½ theelepel. Zout

1 ½ theelepel. Dijon mosterd

1 theelepel. Honing

½ kopje Kersen, gedroogd

1/3 kopje pecannoten, gehakt

1 kop Manchego-kaas, geschaafd

Routebeschrijving:

1. Verwarm de oven voor op 250 °F en plaats een bakplaat in het middelste rek.

2. Doe daarna de bloemkool- en broccoliroosjes in een grote kom.

3. Voeg hier de helft van het zout, twee eetlepels olie en peper aan toe. Gooi goed.

4. Breng nu het mengsel over op de voorverwarmde plaat en bak het 12 minuten terwijl je het tussendoor een keer omdraait.

5. Zodra het mals en goudbruin van kleur is, haal je het uit de oven en laat je het volledig afkoelen.

6. Meng ondertussen de resterende twee eetlepels olie, azijn, honing, mosterd en zout in een andere kom.

7. Borstel dit mengsel over de boerenkoolbladeren door de bladeren met je handen te strijken. Zet het 3 tot 5 minuten opzij.

8. Roer tot slot de geroosterde groenten, kaas, kersen en pecannoten door de broccoli-bloemkoolsalade.

Voedingsinformatie:Calorieën: 259KcalEiwitten: 8,4gKoolhydraten: 23,2gVet: 16,3g

Kipsalade Met Chinese Touch Porties: 3

Bereidingstijd: 25 minuten

Ingrediënten:

1 middelgrote groene ui (in dunne plakjes gesneden)

2 kippenborsten zonder been

2 el Sojasaus

¼ Theelepel witte peper

1 el sesamolie

4 kopjes Romaine Sla (gehakt)

1 kopje kool (versnipperd)

¼ kopje kleine blokjes wortelen

¼ kopje dun gesneden amandelen

¼ kopje noedels (alleen voor serveren)

Voor het bereiden van Chinese dressing:

1 fijngehakt teentje knoflook

1 Theelepel sojasaus

1 el sesamolie

2 el rijstazijn

1 el Suiker

Routebeschrijving:

1. Bereid Chinese dressing door alle ingrediënten in een kom te kloppen.

2. Marineer kipfilets in een kom met knoflook, olijfolie, sojasaus en witte peper gedurende 20 minuten.

3. Plaats de ovenschaal in de voorverwarmde oven (op 225C).

4. Leg de kipfilets in de ovenschaal en bak deze bijna 20 minuten.

5. Combineer voor het samenstellen van de salade snijsla, kool, wortelen en groene ui.

6. Leg voor het serveren een stuk kip in een bord en sla er bovenop. Giet er wat dressing over naast noedels.

Voedingsinformatie:Calorieën 130 Koolhydraten: 10g Vet: 6g Eiwitten: 10g

Amarant En Quinoa Gevulde Paprika's Porties: 4

Kooktijd: 1 uur en 10 minuten

Ingrediënten:

2 eetlepels Amarant

1 middelgrote courgette, bijgesneden, geraspt

2 trostomaten, in blokjes gesneden

2/3 kop (ongeveer 135 g) quinoa

1 ui, middelgroot, fijngehakt

2 geperste knoflookteentjes

1 theelepel gemalen komijn

2 eetlepels licht geroosterde zonnebloempitten 75g ricotta, vers

2 eetlepels krenten

4 paprika's, groot, in de lengte gehalveerd en zonder zaadjes 2 eetlepels platte peterselie, grof gehakt Routebeschrijving:

1. Bekleed een bakplaat, bij voorkeur groot formaat met wat bakpapier (anti-aanbaklaag) en verwarm je oven van tevoren voor op 350 ° F. Vul een

middelgrote pan met ongeveer een halve liter water en voeg dan de amarant en quinoa toe; breng het op matig vuur aan de kook. Als je klaar bent, zet je het vuur laag; dek af en laat sudderen tot de korrels al dente worden en het water wordt opgenomen, gedurende 12 tot 15

minuten. Haal van het vuur en zet opzij.

2. Vet ondertussen een grote braadpan licht in met olie en verwarm deze op middelhoog vuur. Eenmaal warm, voeg de ui met courgette toe en kook tot ze zacht zijn, gedurende een paar minuten, onder regelmatig roeren. Voeg de komijn en knoflook toe; kook een minuutje. Haal van het vuur en zet opzij om af te koelen.

3. Doe de granen, uienmengsel, zonnebloempitten, krenten, peterselie, ricotta en tomaat in een mengkom, bij voorkeur groot formaat; roer de ingrediënten goed door tot ze goed gecombineerd zijn - breng op smaak met peper en zout.

4. Vul de paprika's met het voorbereide quinoamengsel en schik ze op de bakplaat, bedek de bakplaat met aluminiumfolie - Bak gedurende 17 tot 20

minuten. Verwijder de folie en bak tot de vulling goudbruin wordt en de groenten gaar worden, nog 15 tot 20 minuten.

Voedingsinformatie:kcal 200 Vet: 8,5 g Vezels: 8 g Eiwitten: 15 g

Visfilet met knapperige kaaskorst Porties: 4

Bereidingstijd: 10 minuten

Ingrediënten:

¼ kopje volkoren paneermeel

¼ kopje Parmezaanse kaas, geraspt

¼ tl zeezout ¼ tl gemalen peper

1 eetl. olijfolie 4-dlg tilapiafilets

Routebeschrijving:

1. Verwarm de oven voor op 375°F.

2. Roer de paneermeel, Parmezaanse kaas, zout, peper en olijfolie erdoor in een mengkom.

3. Meng goed tot alles goed gemengd is.

4. Smeer de filets in met het mengsel en leg ze op een licht besproeide bakplaat.

5. Plaats het blad in de oven.

6. Bak 10 minuten tot de filets gaar en bruin worden.

<u>Voedingsinformatie:</u>Calorieën: 255 Vet: 7 g Eiwitten: 15,9 g Koolhydraten: 34 g Vezels: 2,6 g

Eiwit Krachtbonen En Groene Gevulde Schelpen

Ingrediënten:

Echt of zeezout

Olijfolie

12 ons. bundel schelpen van een soort (ongeveer 40) 1 pond gestolde gekloofde spinazie

2 tot 3 teentjes knoflook, gestript en verdeeld

15 tot 16 ons. ricotta cheddar (idealiter volle/volle melk) 2 eieren

1 blikje witte bonen, (bijvoorbeeld cannellini), leeg en gespoeld

½ C groene pesto, op maat gemaakt of lokaal gekocht Gemalen donkere peper

3 C (of meer) marinarasaus

Parmezaanse kaas of pecorino cheddar (discretionair) Routebeschrijving:

1. Verwarm in ieder geval 5 liter water tot het kookpunt in een enorme pan (of werk in twee kleinere klonten). Voeg een eetlepel zout, een scheutje olijfolie en de schelpen toe. Laat ongeveer 9 minuten borrelen (of tot het nog steeds een beetje stevig is), sporadisch mengen om de schelpen geïsoleerd te houden. Laat de schelpen voorzichtig in een vergiet glijden of

schep met een geopende lepel uit het water. Was snel met koud water. Bekleed een omrande verwarmingsplaat met huishoudfolie. Als de schelpen voldoende koel zijn om te verwerken, scheidt u ze met de hand, gooit u extra water weg en plaatst u de opening in een eenzame laag op de bladcontainer. Verspreid met geleidelijk plasticfolie zodra het praktisch is afgekoeld.

2. Breng een paar liter water (of gebruik het resterende pastawater, als je het er niet uit hebt gegooid) in een luchtbel in een vergelijkbare pot. Voeg gestolde spinazie toe en kook drie minuten op hoog, tot ze delicaat zijn. Bekleed het vergiet met doorweekt keukenpapier als de openingen enorm zijn, verdeel dan de spinazie. Zet een vergiet boven een kom om meer uit te putten terwijl je begint met vullen.

3. Voeg alleen de knoflook toe aan een voedingsprocessor en laat draaien tot het fijngehakt is en aan de zijkanten kleeft. Kras de zijkanten van de kom naar beneden, voeg dan de ricotta, eieren, bonen, pesto, 1½

theelepels zout en een paar snufjes peper (een flinke kneep). Druk de spinazie in je hand om het overtollige water goed te verwijderen, en voeg dan verschillende ingrediënten toe aan de voedingsprocessor. Laat draaien tot het bijna glad is, met een paar kleine stukjes spinazie nog steeds zichtbaar. Ik neig ernaar om niet te proeven na het toevoegen van het rauwe ei, maar als je denkt dat de fundamentele smaak een beetje is en de smaak naar smaak aanpast.

4. Verwarm de grill voor op 350 (F) en douche of smeer voorzichtig een 9 x 13 "

koekenpan, naast nog een kleinere goulashschotel (ongeveer 8 tot 10 van de schelpen passen niet in de 9 x 13). Om de schelpen te vullen, pakt u elke schelp om de beurt en houdt u deze open met duim en wijsvinger van uw niet-overheersende hand. Schep met je andere hand 3 tot 4 eetlepels op en krab in de schaal. De meeste zullen er niet geweldig uitzien, wat goed is! Zoek gevulde schelpen dicht bij elkaar in de klaargemaakte container. Lepel de saus over de schelpen en laat stukjes van de groene vulling onmiskenbaar achter. Spreid de container uit met dwars en bereid gedurende 30 minuten. Verhoog de temperatuur tot 375 (F), bestrooi de schelpen met wat gemalen Parmezaanse kaas (indien gebruikt) en verhit nog eens 5 minuten.

tot 10 minuten tot cheddar is opgelost en overtollig vocht is verminderd.

5. Koel 5 tot 10 minuten, serveer dan alleen of met een vers bord gemengde groenten als bijzaak!

Ingrediënten Aziatische Noedelsalade:

8 ons in lengte lichte volkoren pastanoedels - bijvoorbeeld spaghetti (gebruik soba-noedels om glutenvrij te maken) 24 ons Mann's Broccoli Cole Slaw - 2 zakken van 300 ml 4 ons gemalen wortelen

1/4 kopje extra vierge olijfolie

1/4 kopje rijstazijn

3 eetlepels nectar - gebruik lichte agavenectar om een vegetarische liefhebber te worden

3 eetlepels gladde nootachtige spread

2 eetlepels natriumarme sojasaus — indien nodig glutenvrij 1 eetlepel Sriracha pepersaus — of knoflook-chilisaus, naast extra naar smaak

1 eetlepel fijngehakte nieuwe gember

2 theelepels gehakte knoflook - ongeveer 4 teentjes 3/4 kop geroosterde ongezouten pinda's, - meestal gesneden 3/4 kop nieuwe koriander - fijngesneden

Routebeschrijving:

1. Verwarm een grote pan met gezouten water tot het kookpunt. Kook de noedels tot ze nog wat stevig zijn, volgens de titels van de bundels. Kanaliseer en spoel snel met koud water om het overtollige zetmeel te

verwijderen en het koken te stoppen, ga dan naar een grote serveerschaal. Voeg de broccoli cole slaw en wortels toe.

2. Klop terwijl de pasta kookt de olijfolie, rijstazijn, nectar, nootachtige spread, sojasaus, Sriarcha, gember en knoflook door elkaar. Giet over de noedelmix en gooi om te consolideren. Voeg de pinda's en koriander toe en gooi opnieuw. Serveer gekoeld of op kamertemperatuur met naar wens extra Sriracha saus.

3. Opmerkingen over formules

4. Asian Noodle Salad kan koud of op kamertemperatuur worden geserveerd.

Bewaar resten in de koelbox in een water-/luchtdichte houder tot wel 3 dagen.

Zalm En Sperziebonen Porties: 4

Bereidingstijd: 26 minuten

Ingrediënten:

2 eetlepels olijfolie

1 gele ui, gesnipperd

4 zalmfilets, zonder graat

1 kopje sperziebonen, bijgesneden en gehalveerd

2 teentjes knoflook, gehakt

½ kopje kippenbouillon

1 theelepel chilipoeder

1 theelepel zoete paprika

Een snufje zout en zwarte peper

1 eetlepel koriander, gehakt

Routebeschrijving:

1. Verhit een pan met de olie op middelhoog vuur, voeg de ui toe, roer en fruit 2 minuten.

2. Voeg de vis toe en schroei deze 2 minuten aan elke kant dicht.

3. Voeg de rest van de ingrediënten toe, meng voorzichtig en bak alles 20 minuten op 360 graden F.

4. Verdeel alles over borden en serveer als lunch.

Voedingsinformatie:calorieën 322, vet 18,3, vezels 2, koolhydraten 5,8, eiwit 35,7

Kaas Gevulde Kip Ingrediënten:

2 lente-uitjes (mager gesneden)

2 jalapeños zonder zaadjes (mager gesneden)

1/4 c. koriander

1 theelepel. limoen pit

4 Oz. Monterey Jack Cheddar (grof gemalen) 4 kleine kippenborsten zonder bot en zonder vel

3 el. olijfolie

Zout

Peper

3 el. limoensap

2 ringerpaprika's (sierlijk gesneden)

1/2 kleine rode ui (mager gesneden)

5 c. gescheurde snijsla

Routebeschrijving:

1. Verwarm de vleeskuikens tot 450 ° F. Voeg in een kom lente-uitjes en gezaaide jalapeños, 1/4 kopje koriander (gespleten) en limoen toe en gooi op dat moment met Monterey Jack-cheddar.

2. Voeg het mes toe aan het dikste stuk van elke kippenborst zonder botten en zonder vel en beweeg heen en weer om een zak van 2 1/2 inch te maken die zo breed mogelijk is zonder te ervaren. Vul kip met cheddar-melange.

3. Verhit 2 eetlepels olijfolie in een grote koekenpan op middelhoog vuur.

Kruid de kip met zout en peper en kook tot hij briljant donkerder is aan 1 kant, 3 tot 4 minuten. Draai de kip om en rooster tot hij gaar is, 10 tot 12 minuten.

4. Klop ondertussen in een grote kom limoensap, 1

eetlepel olijfolie en 1/2 theelepel zout. Voeg ringerpaprika's en rode ui toe en laat 10 minuten zitten, sporadisch slingerend. Gooi met snijsla en 1 kopje nieuwe koriander. Presenteer met kip en partjes limoen.

Rucola Met Gorgonzola Dressing Porties: 4

Bereidingstijd: 0 minuten

Ingrediënten:

1 bosje rucola, schoongemaakt

1 peer, dun gesneden

1 eetlepel vers citroensap

1 teen knoflook, gekneusd

1/3 kopje Gorgonzola-kaas, verkruimeld

1/4 kopje groentebouillon, natriumarm

Versgemalen peper

4 theelepels olijfolie

1 eetlepel ciderazijn

Routebeschrijving:

1. Doe de schijfjes peer en het citroensap in een kom. Gooi om te coaten.

Schik de plakjes peer samen met de rucola op een schaal.

2. Combineer de azijn, olie, kaas, bouillon, peper en knoflook in een kom. Laat 5 minuten staan, verwijder de knoflook. Doe de dressing en serveer.

Voedingsinformatie:Calorieën 145 Koolhydraten: 23g Vet: 4g Eiwit: 6g

Koolsoep Porties: 6

Bereidingstijd: 35 minuten

Ingrediënten:

1 gele ui, gesnipperd

1 kop groene kool, versnipperd

2 eetlepels olijfolie

5 kopjes groentebouillon

1 wortel, geschild en geraspt

Een snufje zout en zwarte peper

1 eetlepel koriander, gehakt

2 theelepels tijm, gehakt

½ theelepel gerookt paprikapoeder

½ theelepel hete paprika

1 eetlepel citroensap

Bloemkool Rijst Porties: 4

Bereidingstijd: 10 minuten

Ingrediënten:

¼ kopje bakolie

1 eetl. Kokosnootolie

1 eetl. Kokos suiker

4 kopjes bloemkool, in roosjes verdeeld ½ theel. Zout

Routebeschrijving:

1. Verwerk eerst de bloemkool in een keukenmachine en maal deze 1 à 2 minuten.

2. Verhit de olie in een grote koekenpan op middelhoog vuur en schep dan de bloemkoolrijst, kokossuiker en zout in de pan.

3. Meng ze goed en kook ze 4 tot 5 minuten of tot de bloemkool een beetje zacht is.

4. Giet tot slot de kokosmelk erbij en geniet ervan.

Voedingsinformatie:Calorieën 108Kcal Eiwitten: 27,1 g Koolhydraten: 11 g Vet: 6 g

Feta Frittata & Spinazie Porties: 4

Bereidingstijd: 10 minuten

Ingrediënten:

½ kleine bruine ui

250 gram babyspinazie

½ kopje fetakaas

1 el knoflookpasta

4 losgeklopte eieren

Kruidenmix

Zout & Peper naar smaak

1 el olijfolie

Routebeschrijving:

1. Voeg een fijngehakte ui in olie toe en bak deze op middelhoog vuur.

2. Voeg spinazie toe aan lichtbruine uien en gooi het 2 min. om.

3. Voeg in eieren het mengsel van koude spinazie en uien toe.

4. Voeg nu knoflookpasta, zout en peper toe en meng het mengsel.

5. Kook dit mengsel op laag vuur en roer de eieren voorzichtig.

6. Voeg fetakaas toe aan de eieren en plaats de pan onder de reeds voorverwarmde grill.

7. Kook het bijna 2 tot 3 minuten totdat de frittata bruin is.

8. Serveer deze feta frittata warm of koud.

Voedingsinformatie:Calorieën 210 Koolhydraten: 5g Vet: 14g Eiwitten: 21g

Vurige Kip Pot Stickers Ingrediënten:

1 pond gemalen kip

1/2 kopje vernietigde kool

1 wortel, gestript en vernietigd

2 teentjes knoflook, geperst

2 groene uien, mager gesneden

1 eetlepel natriumarme sojasaus

1 eetlepel hoisinsaus

1 eetlepel natuurlijk gemalen gember

2 theelepels sesamolie

1/4 theelepel gemalen witte peper

36 gewonnen ton wikkels

2 eetlepels plantaardige olie

VOOR DE HETE CHILI OLIE SAUS:

1/2 kopje plantaardige olie

1/4 kopje gedroogde rode pepers, geplet

2 teentjes knoflook, fijngehakt

Routebeschrijving:

1. Verwarm plantaardige olie in een kleine pan op middelhoog vuur. Meng geplette pepers en knoflook erdoor, af en toe mengen, tot de olie ongeveer 8-10 minuten op 180 graden F komt; op een veilige plek zetten.

2. Doe de kip, kool, wortel, knoflook, groene uien, sojasaus, hoisinsaus, gember, sesamolie en witte peper in een enorme kom.

3. Leg de wikkels op een werkoppervlak om de knoedels te verzamelen.

Schep 1 eetlepel van het kippenmengsel in het brandpunt van elke wikkel. Wrijf met uw vinger over de randen van de wikkels met water. Vouw het mengsel over de vulling om de vorm van een halve maan te krijgen, knijp de randen samen om te verzegelen.

4. Verwarm plantaardige olie in een grote koekenpan op middelhoog vuur.

Voeg potstickers toe in een enkele laag en kook tot ze briljant en vers zijn, ongeveer 2-3 minuten voor elke kant.

5. Serveer snel met hete stoofpotoliesaus.

Knoflook Garnalen Met Gestrooide Bloemkool

Porties: 2

Bereidingstijd: 15 minuten

Ingrediënten:

Voor Het Bereiden Van Garnalen

1 Pond Garnalen

2-3 eetlepels Cajun-kruiden

Zout

1 eetlepel boter/ghee

Voor Het Bereiden Van Bloemkoolgrutten

2 eetlepels ghee

12 ons bloemkool

1 teentje knoflook

Zout naar smaak

Routebeschrijving:

1. Kook bloemkool en knoflook in 8 ons water op middelhoog vuur tot ze gaar zijn.

2. Mix malse bloemkool in de keukenmachine met ghee. Voeg geleidelijk stomend water toe voor de juiste consistentie.

3. Strooi 2 eetlepels Cajun-kruiden over garnalen en marineer.

4. Neem in een grote koekenpan 3 eetlepels ghee en kook de garnalen op middelhoog vuur.

5. Doe een grote lepel bloemkoolgrutten in een kom en garneer met gebakken garnalen.

Voedingsinformatie:Calorieën 107 Koolhydraten: 1g Vet: 3g Eiwitten: 20g

Broccoli Tonijn Porties: 1

Bereidingstijd: 10 minuten

Ingrediënten:

1 theelepel. Extra vergine olijfolie

3oz. Tonijn in water, bij voorkeur light & chunky, uitgelekt 1 eetl. Walnoten, grof gehakt

2 kopjes Broccoli, fijngehakt

½ theelepel. Hete saus

Routebeschrijving:

1. Begin met het mengen van broccoli, kruiden en tonijn in een grote mengkom totdat ze goed gecombineerd zijn.

2. Zet de groenten vervolgens 3 minuten in de magnetron of tot ze gaar zijn

3. Roer dan de walnoten en olijfolie door de kom en meng goed.

4. Serveer en geniet.

Voedingsinformatie:Calorieën 259Kcal Eiwitten: 27,1 g Koolhydraten: 12,9 g Vet: 12,4 g

Pompoensoep Met Garnalen Porties: 4

Bereidingstijd: 20 minuten

Ingrediënten:

3 eetlepels ongezouten boter

1 kleine rode ui, fijngehakt

1 teentje knoflook, in plakjes

1 theelepel kurkuma

1 theelepel zout

¼ theelepel versgemalen zwarte peper

3 kopjes groentebouillon

2 kopjes gepelde flespompoen, in blokjes van ¼ inch gesneden 1 pond gekookte gepelde garnalen, indien nodig ontdooid 1 kopje ongezoete amandelmelk

¼ kopje geschaafde amandelen (optioneel)

2 eetlepels fijngehakte verse bladpeterselie 2 theelepels geraspte of fijngehakte citroenschil

Routebeschrijving:

1. Los de boter op hoog vuur op in een grote pan.

2. Voeg de ui, knoflook, kurkuma, zout en peper toe en bak tot de groenten zacht en glazig zijn, 5 tot 7 minuten.

3. Voeg de bouillon en pompoen toe en kook.

4. Binnen 5 minuten laten sudderen.

5. Voeg de garnalen en amandelmelk toe en kook tot ze ongeveer 2 minuten warm zijn.

6. Bestrooi met de amandelen (indien gebruikt), peterselie en citroenschil en serveer.

Voedingsinformatie:Calorieën 275 Totaal vet: 12 g Totaal koolhydraten: 12 g Suiker: 3 g Vezels: 2 g Eiwitten: 30 g Natrium: 1665 mg

Lekkere Turkije Gebakken Ballen Porties: 6

Bereidingstijd: 30 minuten

Ingrediënten:

1 pond gemalen kalkoen

½ kopje verse paneermeel, wit of volkoren ½ kopje Parmezaanse kaas, vers geraspt

½ eetl. basilicum, vers gehakt

½ eetl. oregano, vers gehakt

1 stuk groot ei, losgeklopt

1 eetl. peterselie, vers gehakt

3 eetlepels melk of water

Een snufje zout en peper

Een snufje vers geraspte nootmuskaat

Routebeschrijving:

1. Verwarm je oven voor op 350°F.

2. Bekleed twee bakvormen met bakpapier.

3. Roer alle ingrediënten erdoor in een grote mengkom.

4. Vorm balletjes van 1 inch van het mengsel en plaats elke bal in de bakvorm.

5. Zet de pan in de oven.

6. Bak gedurende 30 minuten, of tot de kalkoen gaar is en de oppervlakken bruin worden.

7. Draai de gehaktballetjes halverwege de bereidingstijd een keer om.

Voedingsinformatie:Calorieën: 517 CalVet: 17,2 g Eiwitten: 38,7 g Koolhydraten: 52,7 gVezels: 1 g

Duidelijke Clam Chowder-porties: 4

Bereidingstijd: 15 minuten

Ingrediënten:

2 eetlepels ongezouten boter

2 middelgrote wortels, in stukken van ½ inch gesneden

2 stengels bleekselderij, in dunne plakjes

1 kleine rode ui, in blokjes van ¼ inch gesneden

2 teentjes knoflook, in plakjes

2 kopjes groentebouillon

1 (8-ounce) fles clam-sap

1 (10-ounce) kan kokkels

½ theelepel gedroogde tijm

½ theelepel zout

¼ theelepel versgemalen zwarte peper

Routebeschrijving:

1. Los de boter op in een grote pan op hoog vuur.

2. Voeg de wortelen, selderij, ui en knoflook toe en bak 2 tot 3 minuten tot ze lichtjes zacht zijn.

3. Voeg de bouillon en het mosselensap toe en kook.

4. Laat sudderen en kook tot de wortels zacht zijn, 3 tot 5 minuten.

5. Roer de kokkels en hun sappen, tijm, zout en peper erdoor, verwarm 2 tot 3 minuten en serveer.

Voedingsinformatie:Calorieën 156 Totaal vet: 7 g Totaal koolhydraten: 7 g Suiker: 3 g Vezels: 1 g Eiwit: 14 g Natrium: 981 mg

Porties rijst en kippot: 4

Bereidingstijd: 25 minuten

Ingrediënten:

1 pond scharrelkipfilet, zonder bot, zonder vel ¼ kopje bruine rijst

¾ pond champignons naar keuze, in plakjes

1 prei, gehakt

¼ kopje amandelen, gehakt

1 kopje water

1 eetl. olijfolie

1 kopje sperziebonen

½ kopje appelazijn

2 eetlepels. meel voor alle doeleinden

1 kopje melk, vetarm

¼ kopje Parmezaanse kaas, vers geraspt

¼ kopje zure room

Snufje zeezout, voeg indien nodig meer toe

gemalen zwarte peper, naar smaak

Routebeschrijving:

1. Giet bruine rijst in een pan. Voeg water toe. Dek af en breng aan de kook. Zet het vuur laag en laat 30 minuten sudderen of tot de rijst gaar is.

2. Voeg ondertussen in een koekenpan de kipfilet toe en giet er net genoeg water bij om onder te staan - breng op smaak met zout. Kook het mengsel, zet het vuur lager en laat het 10 minuten sudderen.

3. Versnipper de kip. Opzij zetten.

4. Verwarm de olijfolie. Kook de prei gaar. Voeg champignons toe.

5. Giet appelciderazijn bij het mengsel. Fruit het mengsel tot de azijn is verdampt. Voeg bloem en melk toe aan de koekenpan.

Strooi Parmezaanse kaas en voeg zure room toe. Breng op smaak met zwarte peper.

6. Verwarm de oven voor op 350 graden F. Vet een braadpan licht in met olie.

7. Verdeel de gekookte rijst in de braadpan, dan de geraspte kip en sperziebonen erover. Voeg champignons en preisaus toe.

Amandelen erop leggen.

8. Bak binnen 20 minuten of tot ze goudbruin zijn. Laat afkoelen voor het opdienen.

Voedingsinformatie:Calorieën 401 Koolhydraten: 54g Vet: 12g Eiwitten: 20g

Gesauteerde Garnalen Jambalaya Jumble

Porties: 4

Bereidingstijd: 30 minuten

Ingrediënten:

10-oz. middelgrote garnalen, gepeld

¼ kopje bleekselderij, fijngesneden ½ kopje ui, fijngehakt

1 eetl. olie of boter ¼ theelepel knoflook, fijngehakt

¼ tl uienzout of zeezout

⅓ kopje tomatensaus ½ tl gerookte paprika

½ tl worcestershiresaus

⅔-cup wortelen, gehakt

1¼ kopjes kippenworst, voorgekookt en in blokjes gesneden 2 kopjes linzen, een nacht geweekt en voorgekookt 2 kopjes okra, gehakt

Een scheutje gemalen rode peper en zwarte peper Parmezaanse kaas, geraspt als topping (optioneel) Routebeschrijving:

1. Fruit de garnalen, selderij en ui met olie in een pan op middelhoog vuur gedurende vijf minuten, of tot de garnalen roze worden.

2. Voeg de rest van de ingrediënten toe en bak verder voor 10 minuten, of tot de groenten gaar zijn.

3. Verdeel het jambalaya-mengsel gelijkmatig over vier serveerschalen om te serveren.

4. Top met peper en kaas, indien gewenst.

Voedingsinformatie:Calorieën: 529 Vet: 17,6 g Eiwitten: 26,4 g Koolhydraten: 98,4 g Vezels: 32,3 g

Kip Chili Porties: 6

Kooktijd: 1 uur

Ingrediënten:

1 gele ui, gesnipperd

2 eetlepels olijfolie

2 teentjes knoflook, gehakt

1 pond kipfilet, zonder vel, zonder bot en in blokjes 1 groene paprika, gehakt

2 kopjes kippenbouillon

1 eetlepel cacaopoeder

2 eetlepels chilipoeder

1 theelepel gerookt paprikapoeder

1 kop ingeblikte tomaten, gehakt

1 eetlepel koriander, gehakt

Een snufje zout en zwarte peper

Routebeschrijving:

1. Verhit een pan met de olie op middelhoog vuur, voeg de ui en de knoflook toe en fruit 5 minuten.

2. Voeg het vlees toe en bak het nog 5 minuten bruin.

3. Voeg de rest van de ingrediënten toe, meng en kook op middelhoog vuur gedurende 40 minuten.

4. Verdeel de chili over kommen en serveer als lunch.

Voedingsinformatie:calorieën 300, vet 2, vezels 10, koolhydraten 15, eiwit 11

Knoflook En Linzensoep Porties: 4

Bereidingstijd: 15 minuten

Ingrediënten:

2 eetlepels extra vierge olijfolie

2 middelgrote wortels, in dunne plakjes gesneden

1 kleine witte ui, in blokjes van ¼ inch gesneden

2 teentjes knoflook, dun gesneden

1 theelepel gemalen kaneel

1 theelepel zout

¼ theelepel versgemalen zwarte peper

3 kopjes groentebouillon

1 (15-ounce) blik linzen, uitgelekt en gespoeld 1 eetlepel fijngehakte of geraspte sinaasappelschil

¼ kopje gehakte walnoten (optioneel)

2 eetlepels fijngehakte verse bladpeterselie Gebruiksaanwijzing:

1. Verhit de olie op hoog vuur in een grote pan.

2. Doe de wortels, ui en knoflook en bak tot ze zacht zijn, 5 tot 7 minuten.

3. Doe de kaneel, zout en peper en roer om de groenten gelijkmatig te coaten, 1 tot 2 minuten.

4. Doe de bouillon erbij en kook. Laat sudderen, doe de linzen erbij en kook tot 1 minuut.

5. Roer de sinaasappelschil erdoor en serveer, bestrooid met de walnoten (indien gebruikt) en peterselie.

Voedingsinformatie:Calorieën 201 Totaal Vet: 8g Totaal Koolhydraten: 22g Suiker: 4g Vezels: 8g Eiwitten: 11g Natrium: 1178mg

Pittige Courgette & Kip In Klassieke Santa Fe Roerbak

Porties: 2

Bereidingstijd: 15 minuten

Ingrediënten:

1 eetl. olijfolie

2 stuks kipfilets, in plakjes

1 stuk ui, klein, in blokjes

2 teentjes knoflook, fijngehakt Courgette van 1 stuk, in blokjes gesneden ½ kopje wortelen, versnipperd

1 tl paprikapoeder, gerookt 1 tl komijn, gemalen

½ tl chilipoeder ¼ tl zeezout

2 eetlepels. vers limoensap

¼ kopje koriander, vers gehakt

Bruine rijst of quinoa, bij het opdienen

Routebeschrijving:

1. Bak de kip ongeveer 3 minuten in olijfolie tot de kip bruin kleurt. Opzij zetten.

2. Gebruik dezelfde wok en voeg de ui en knoflook toe.

3. Kook tot de ui zacht is.

4. Voeg de wortels en courgette toe.

5. Roer het mengsel en kook nog ongeveer een minuut.

6. Voeg alle smaakmakers toe aan de mix en roer om nog een minuut te koken.

7. Doe de kip terug in de wok en giet het limoensap erbij.

8. Roer om te koken tot alles gaar is.

9. Om te serveren, plaats het mengsel over gekookte rijst of quinoa en garneer met de vers gesneden koriander.

Voedingsinformatie:Calorieën: 191 Vet: 5,3 g Eiwitten: 11,9 g Koolhydraten: 26,3 g Vezels: 2,5 g

Tilapia-taco's met geweldige gember-sesamsla

Porties: 4

Bereidingstijd: 5 uur

Ingrediënten:

1 tl verse gember, geraspt

Zout en versgemalen zwarte peper naar smaak 1 tl stevia

1 el sojasaus

1 el olijfolie

1 el citroensap

1 el yoghurt naturel

1½ pond tilapiafilets

1 kopje koolsalade mix

Routebeschrijving:

1. Zet de instantpan aan, voeg alle ingrediënten toe, behalve tilapiafilets en coleslaw mix, en roer tot alles goed gemengd is.

2. Voeg vervolgens de filets toe, meng tot ze goed bedekt zijn, sluit met het deksel, druk op de

'slow cook'-knop en kook gedurende 5 uur, waarbij u de filets halverwege omdraait.

3. Als je klaar bent, leg je de filets op een schaal en laat je ze volledig afkoelen.

4. Verdeel voor het bereiden van maaltijden de koolsla-mix over vier luchtdichte bakjes, voeg tilapia toe en zet het maximaal drie dagen in de koelkast.

5. Als je klaar bent om te eten, verwarm tilapia dan in de magnetron tot het heet is en serveer dan met koolsalade.

Voedingsinformatie:Calorieën 278, totaal vet 7,4 g, totaal koolhydraten 18,6 g, eiwit 35,9 g, suiker 1,2 g, vezels 8,2 g, natrium 194 mg

Curry Linzenstoofpot Porties: 4

Bereidingstijd: 15 minuten

Ingrediënten:

1 eetlepel olijfolie

1 ui, gesnipperd

2 teentjes knoflook, gehakt

1 eetlepel biologische currykruiden

4 kopjes biologische natriumarme groentebouillon 1 kopje rode linzen

2 kopjes flespompoen, gekookt

1 kopje boerenkool

1 theelepel kurkuma

Zeezout naar smaak

Routebeschrijving:

1. Fruit de olijfolie met de ui en knoflook in een grote pan op middelhoog vuur, voeg toe. Sauteer gedurende 3 minuten.

2. Voeg de biologische currykruiden, groentebouillon en linzen toe en breng aan de kook - Kook gedurende 10 minuten.

3. Roer de gekookte flespompoen en boerenkool erdoor.

4. Voeg de kurkuma en het zeezout naar smaak toe.

5. Serveer warm.

Voedingsinformatie:Totaal Koolhydraten 41g Voedingsvezels: 13g Eiwitten: 16g Totaal Vet: 4g Calorieën: 252

Boerenkool Caesar Salade Met Gegrilde Kip Wrap Porties: 2

Bereidingstijd: 20 minuten

Ingrediënten:

6 kopjes boerenkool, in kleine, hapklare stukjes gesneden ½ verwend ei; gekookt

8 ons gegrilde kip, dun gesneden

½ theelepel Dijon-mosterd

¾ kopje Parmezaanse kaas, fijn versnipperd

grond zwarte peper

koosjer zout

1 teentje knoflook, fijngehakt

1 kop kerstomaatjes, in vieren gesneden

1/8 kopje citroensap, vers geperst

2 grote tortilla's of twee Lavash flatbreads

1 theelepel agave of honing

1/8 kopje olijfolie

Routebeschrijving:

1. Combineer de helft van het vertroetelde ei met mosterd, gehakte knoflook, honing, olijfolie en citroensap in een grote mengkom. Klop tot je een dressing-achtige consistentie krijgt. Breng op smaak met peper en zout.

2. Voeg de kerstomaatjes, kip en boerenkool toe; schud zachtjes tot ze mooi bedekt zijn met de dressing en voeg dan ¼ kopje parmezaanse kaas toe.

3. Spreid de flatbreads uit en verdeel de bereide salade gelijkmatig over de wraps; bestrooi elk met ongeveer ¼ kopje parmezaanse kaas.

4. Rol de wraps op en snijd ze doormidden. Serveer onmiddellijk en geniet ervan.

Voedingsinformatie:kcal 511 Vet: 29 g Vezels: 2,8 g Eiwitten: 50 g

Spinaziebonensalade Porties: 1

Bereidingstijd: 5 minuten

Ingrediënten:

1 kopje verse spinazie

¼ kopje ingeblikte zwarte bonen

½ kopje kekerbonen uit blik

½ kopje cremini-champignons

2 eetlepels biologische balsamico vinaigrette 1 eetlepel olijfolie

Routebeschrijving:

1. Bak de cremini-champignons met de olijfolie op laag, middelhoog vuur gedurende 5 minuten, tot ze lichtbruin zijn.

2. Stel de salade samen door de verse spinazie op een bord te doen en deze te bedekken met de bonen, champignons en de balsamicovinaigrette.

Voedingsinformatie:Totaal koolhydraten 26 gg Voedingsvezels: 8 g Eiwit: 9 g Totaal vet: 15 g Calorieën: 274

Zalm Met Korst Met Walnoten En Rozemarijn

Porties: 6

Bereidingstijd: 20 minuten

Ingrediënten:

1 Gehakt teentje knoflook

1 eetlepel Dijon-mosterd

¼ el Citroenschil

1 el Citroensap

1 el verse rozemarijn

1/2 el Honing

Olijfolie

Verse peterselie

3 eetlepels gehakte walnoten

1 pond zalm zonder vel

1 el vers geplette rode peper

Zout peper

Citroenpartjes voor garnering

3 el Panko paneermeel

1 el extra vierge olijfolie

Routebeschrijving:

1. Spreid de bakplaat uit in de oven en verwarm deze voor op 240C.

2. Meng in een kom mosterdpasta, knoflook, zout, olijfolie, honing, citroensap, geplette rode peper, rozemarijn, pushoning.

3. Combineer panko, walnoten en olie en verdeel dunne visplakjes op de bakplaat. Spray gelijkmatig olijfolie aan beide kanten van de vis.

4. Walnotenmengsel op de zalm leggen met daarop het mosterdmengsel.

5. Bak de zalm bijna 12 minuten. Garneer het met verse peterselie en partjes citroen en dien het warm op.

Voedingsinformatie:Calorieën 227 Koolhydraten: 0g Vet: 12g Eiwitten: 29g

Gebakken Zoete Aardappel Met Rode Tahinisaus Porties: 4

Bereidingstijd: 30 minuten

Ingrediënten:

15 ons ingeblikte kikkererwten

4 Middelgrote zoete aardappelen

½ el Olijfolie

1 Snufje zout

1 el Limoensap

1/2 el komijn-, koriander- en paprikapoeder Voor Knoflookkruidensaus

¼ kopje tahinisaus

½ el Limoensap

3 teentjes knoflook

Zout naar smaak

Routebeschrijving:

1. Verwarm de oven voor op 204°C. Meng de kikkererwten met zout, kruiden en olijfolie. Spreid ze uit op het folievel.

2. Bestrijk dunne partjes zoete aardappel met olie en leg ze op gemarineerde bonen en bak.

3. Meng voor de saus alle ingrediënten in een kom. Voeg er wat water aan toe, maar houd het dik.

4. Haal de zoete aardappelen na 25 minuten uit de oven.

5. Garneer deze gebakken zoete aardappel kikkererwtensalade met hete knoflooksaus.

Voedingsinformatie:Calorieën 90 Koolhydraten: 20g Vet: 0g Eiwitten: 2g

Italiaanse zomerpompoensoep Porties: 4

Bereidingstijd: 15 minuten

Ingrediënten:

3 eetlepels extra vierge olijfolie

1 kleine rode ui, dun gesneden

1 teentje knoflook, fijngehakt

1 kopje geraspte courgette

1 kopje geraspte gele pompoen

½ kopje geraspte wortel

3 kopjes groentebouillon

1 theelepel zout

2 eetlepels fijngehakte verse basilicum

1 eetlepel fijngehakte verse bieslook

2 eetlepels pijnboompitten

Routebeschrijving:

1. Verhit de olie op hoog vuur in een grote pan.

2. Doe de ui en knoflook en fruit tot ze zacht zijn, 5 tot 7 minuten.

3. Voeg de courgette, gele pompoen en wortel toe en bak tot ze zacht zijn, 1 tot 2 minuten.

4. Voeg de bouillon en het zout toe en kook. Sudderen binnen 1 tot 2 minuten.

5. Roer de basilicum en bieslook erdoor en serveer, bestrooid met de pijnboompitten.

Voedingsinformatie:Calorieën 172 Totaal vet: 15 g Totaal koolhydraten: 6 g Suiker: 3 g Vezels: 2 g Eiwitten: 5 g Natrium: 1170 mg

Saffraan En Zalmsoep Porties: 4

Bereidingstijd: 20 minuten

Ingrediënten:

¼ kopje extra vierge olijfolie

2 preien, alleen de witte delen, in dunne plakjes gesneden

2 middelgrote wortels, in dunne plakjes gesneden

2 teentjes knoflook, dun gesneden

4 kopjes groentebouillon

1 pond zalmfilets zonder vel, in stukken van 1 inch gesneden 1 theelepel zout

¼ theelepel versgemalen zwarte peper

¼ theelepel saffraandraadjes

2 kopjes babyspinazie

½ kopje droge witte wijn

2 eetlepels fijngehakte bosui, zowel witte als groene delen 2 eetlepels fijngehakte verse bladpeterselie Gebruiksaanwijzing:

1. Verhit de olie in een grote pan op hoog vuur.

2. Voeg de prei, wortels en knoflook toe en bak tot ze zacht zijn, 5 tot 7 minuten.

3. Doe de bouillon erbij en kook.

4. Laat sudderen en voeg de zalm, zout, peper en saffraan toe. Kook tot de zalm gaar is, ongeveer 8 minuten.

5. Voeg de spinazie, wijn, lente-uitjes en peterselie toe en kook tot de spinazie geslonken is, 1 tot 2 minuten, en serveer.

Voedingsinformatie:Calorieën 418 Totaal vet: 26 g Totaal koolhydraten: 13 g Suiker: 4 g Vezels: 2 g Eiwitten: 29 g Natrium: 1455 mg

Thaise Gearomatiseerde Hete En Zure Garnalen En Champignonsoep

Porties: 6

Bereidingstijd: 38 minuten

Ingrediënten:

3 eetlepels ongezouten boter

1 pond garnalen, gepeld en ontdarmd

2 tl gehakte knoflook

1-inch stuk gemberwortel, geschild

1 middelgrote ui, in blokjes gesneden

1 rode Thaise chilipeper, fijngehakt

1 stengel citroengras

½ tl verse limoenschil

Zout en versgemalen zwarte peper, naar smaak 5 kopjes kippenbouillon

1 el kokosolie

½ pond cremini-champignons, in partjes gesneden

1 kleine groene courgette

2 el vers limoensap

2 el vissaus

¼ bosje verse Thaise basilicum, fijngehakt

¼ bosje verse koriander, fijngehakt

Routebeschrijving:

1. Neem een grote pan, plaats deze op middelhoog vuur, voeg boter toe en als het smelt, voeg garnalen, knoflook, gember, ui, pepers, citroengras en limoenschil toe, breng op smaak met zout en zwarte peper en kook gedurende 3 minuten.

2. Giet de bouillon erbij, laat 30 minuten sudderen en zeef het dan.

3. Neem een grote koekenpan op middelhoog vuur, voeg olie toe en als deze warm is, voeg champignons en courgette toe, breng op smaak met zout en zwarte peper en kook gedurende 3 minuten.

4. Voeg het garnalenmengsel toe aan de koekenpan, laat 2 minuten sudderen, besprenkel met limoensap en vissaus en kook 1 minuut.

5. Proef naar smaak, haal de pan van het vuur, garneer met koriander en basilicum en serveer.

Voedingsinformatie:Calorieën 223, totaal vet 10,2 g, totaal koolhydraten 8,7 g, eiwit 23 g, suiker 3,6 g, natrium 1128 mg

Orzo Met Zongedroogde Tomaten

Ingrediënten:

1 pond kippenborsten zonder vel, in blokjes van 3/4-inch gesneden

1 eetlepel + 1 theelepel olijfolie

Zout en krokant gemalen donkere peper

2 teentjes knoflook, fijngehakt

1/4 kopjes (8 oz) droge orzo-pasta

2 3/4 kopjes natriumarme kippenbouillon, op dat moment meer variërend (gebruik geen gewone sappen, het wordt te zout) 1/3 kopje zongedroogde tomatenpartjes gevuld in olie met kruiden (ongeveer 12 delen. Schud af een deel van de overvloedige olie), fijngehakt in een voedingsprocessor

1/2 - 3/4 kopje fijngehakte parmezaanse cheddar, naar smaak 1/3 kopje gekloofde knapperige basilicum

Routebeschrijving:

1. Verwarm 1 eetlepel olijfolie in een sauteerbak op middelhoog vuur.

2. Zodra de kip glimmend is, breng op smaak met zout en peper en kook tot hij briljant is, ongeveer 3 minuten, draai dan naar de omgekeerde kanten en kook tot hij briljant donker gekleurd en gaar is, ongeveer 3 minuten. Verplaats de kip naar een bord, verspreid met folie om warm te blijven.

3. Voeg 1 theelepel olijfolie toe om het gerecht te bakken, voeg dan knoflook toe en bak 20 seconden, of tot het licht glanzend is, giet dan de kippensappen erbij terwijl je de gekookte stukjes van de bodem van de koekenpan schraapt.

4. Verhit de bouillon tot het kookpunt, voeg orzo-pasta toe, verminder het vuur tot een medium gespreide koekenpan met deksel en laat 5 minuten zachtjes bubbelen. Onthul, mix en blijf koken tot orzo delicaat is, ongeveer 5 minuten. langer, af en toe mengen (geen stress als er nog een beetje sappen zijn, het zal het wat pittiger maken).

5. Als de pasta gaar is, gooi je de kip erdoor met de orzo en haal je hem van het vuur. Voeg parmezaanse cheddar toe en mix tot het is opgelost, gooi dan de zongedroogde tomaten, basilicum erbij en breng op smaak

met peper (u zou geen zout nodig moeten hebben, maar voeg een beetje toe voor het geval u denkt dat het nodig is).

6. Voeg meer sappen toe om te verdunnen wanneer je maar wilt (terwijl de pasta rust, zal het overvloedig vocht opnemen en ik genoot er met een beetje teveel van, dus ik voegde wat meer toe). Serveer warm.

Porties Champignon-Bietensoep: 4

Bereidingstijd: 40 minuten

Ingrediënten:

2 eetlepels olijfolie

1 gele ui, gesnipperd

2 bieten, geschild en in grote blokjes gesneden

1 pond witte champignons, in plakjes

2 teentjes knoflook, gehakt

1 eetlepel tomatenpuree

5 kopjes groentebouillon

1 eetlepels peterselie, gehakt

Routebeschrijving:

1. Verhit een pan met de olie op middelhoog vuur, voeg de ui en de knoflook toe en fruit 5 minuten.

2. Voeg de champignons toe, roer en bak nog 5 minuten.

3. Voeg de bieten en de andere ingrediënten toe, breng aan de kook en kook op middelhoog vuur nog eens 30 minuten, af en toe roerend.

4. Schep de soep in kommen en serveer.

Voedingsinformatie:calorieën 300, vet 5, vezels 9, koolhydraten 8, eiwit 7

Kip Parmezaanse Gehaktballetjes Ingrediënten:

2 pond gemalen kip

3/4 kop panko paneermeel glutenvrije panko werkt prima 1/4 kop fijngehakte ui

2 eetlepels gehakte peterselie

2 teentjes knoflook fijngehakt

opstaan van 1 kleine citroen rond 1 theelepel 2 eieren

3/4 kopje vernietigde Pecorino Romano of Parmezaanse cheddar 1 theelepel echt zout

1/2 theelepel krokant gemalen donkere peper

1 liter Five Minute Marinara-saus

4-6 ons mozzarella knapperig gesneden

Routebeschrijving:

1. Verwarm de kachel voor op 400 graden en plaats het rek in het bovenste derde deel van de grill. Doe alles behalve de marinara en de mozzarella in een grote kom. Meng zachtjes, gebruik je handen of een enorme lepel. Schep en vorm er kleine gehaktballetjes van en leg ze op een met folie beklede verwarmingsplaat. Zoek de gehaktballen echt dicht bij elkaar op het

bord om ze te laten passen. Lepel ongeveer een halve eetlepel saus over elke gehaktbal. Verwarm gedurende 15 minuten.

2. Verdrijf gehaktballetjes van het fornuis en verhoog de temperatuur van de grill om te koken. Lepel een extra halve eetlepel saus over elke gehaktbal en top met een klein vierkantje mozzarella. (Ik sneed de kleine sneden in stukjes van ongeveer 1 "vierkant.) Rooster nog eens 3 minuten, totdat de cheddar zacht is en briljant is geworden. Presenteer met extra saus. Waardeer!

Gehaktballetjes Alla Parmigiana Ingrediënten:

Voor de gehaktballetjes

1,5 pond gemalen hamburger (80/20)

2 el knapperige peterselie, gekliefd

3/4 kopje gemalen Parmezaanse kaas Cheddar

1/2 kopje amandelmeel

2 eieren

1 tl fitzout

1/4 tl gemalen donkere peper

1/4 tl knoflookpoeder

1 theelepel gedroogde uiendruppels

1/4 theelepel gedroogde oregano

1/2 kopje warm water

Voor de Parmigiana

1 kopje eenvoudige Keto Marinara-saus (of een suikervrije lokaal verkregen marinara)

4 oz mozzarella-cheddar

Routebeschrijving:

1. Doe alle gehaktballetjes in een grote kom en meng goed.

2. Structuur in vijftien 2" gehaktballen.

3. Bereid op 350 graden (F) gedurende 20 minuten OF bak in een enorme koekenpan op middelhoog vuur tot ze gaar zijn. Toptip - probeer eens te schroeien in spekolie als je die hebt - het bevat een andere smaak. Fricasseeing produceert de briljante donkergekleurde schakeringen die op de bovenstaande foto's te zien zijn.

4. Voor de Parmigiana:

5. Plaats de gekookte gehaktballetjes in een vuurvaste schaal.

6. Lepel ongeveer 1 Tbl saus over elke gehaktbal.

7. Verspreid met elk ongeveer 1/4 oz mozzarella-cheddar.

8. Bereid op 350 graden (F) gedurende 20 minuten (40 minuten als gehaktballen gestold zijn) of tot ze zijn opgewarmd en de cheddar briljant is.

9. Verfraaiing met nieuwe peterselie wanneer je maar wilt.

Blad Pan Kalkoenfilet Met Gouden Groenten

Porties: 4

Bereidingstijd: 45 minuten

Ingrediënten:

2 eetlepels ongezouten boter, op kamertemperatuur 1 middelgrote eikelpompoen, zonder zaadjes en in dunne plakjes gesneden 2 grote gouden bieten, geschild en in dunne plakjes gesneden ½ middelgrote gele ui, in dunne plakjes

½ kalkoenfilet zonder botten, zonder vel (1 tot 2 pond) 2 eetlepels honing

1 theelepel zout

1 theelepel kurkuma

¼ theelepel versgemalen zwarte peper

1 kop kippenbouillon of groentebouillon

Routebeschrijving:

1. Verwarm de oven voor op 400°F. Vet de bakplaat in met de boter.

2. Schik de pompoen, bieten en ui in een enkele laag op de bakplaat. Leg de kalkoen met de huid naar boven. Besprenkel met de honing.

Breng op smaak met zout, kurkuma en peper en voeg de bouillon toe.

3. Rooster tot de kalkoen 165 ° F in het midden registreert met een direct afleesbare thermometer, 35 tot 45 minuten. Verwijder en laat 5 minuten rusten.

4. Snijd en serveer.

Voedingsinformatie:Calorieën 383 Totaal vet: 15 g Totaal koolhydraten: 25 g Suiker: 13 g Vezels: 3 g Eiwitten: 37 g Natrium: 748 mg

Groene kokoscurry met gekookte rijst Porties: 8

Bereidingstijd: 20 minuten

Ingrediënten:

2 el Olijfolie

12 ons Tofu

2 middelgrote zoete aardappelen (in blokjes gesneden)

Zout naar smaak

314 ons Kokosmelk

4 eetlepels groene currypasta

3 kopjes broccoliroosjes

Routebeschrijving:

1. Verwijder overtollig water uit tofu en bak het op middelhoog vuur. Voeg zout toe en bak het 12 minuten.

2. Kook kokosmelk, groene currypasta en zoete aardappel op middelhoog vuur en laat het 5 minuten sudderen.

3. Voeg nu broccoli en tofu toe en kook dit bijna 5 minuten totdat de broccoli van kleur verandert.

4. Serveer deze kokos en groene curry met een handvol kookrijst en veel rozijnen eroverheen.

Voedingsinformatie:Calorieën 170 Koolhydraten: 34g Vet: 2g Eiwitten: 3g

Zoete Aardappel & Kippensoep Met Linzen

Porties: 6

Bereidingstijd: 35 minuten

Ingrediënten:

10 stengels bleekselderij

1 Huisgemaakte of rotisserie kip

2 middelgrote zoete aardappelen

5 ons Franse linzen

2 el Vers limoensap

½ kop hapklare escarole

6 dun gesneden teentjes knoflook

½ kopje dille (fijngehakt)

1 eetlepel koosjer zout

2 eetlepels extra vergine olie

Routebeschrijving:

1. Voeg zout, kippenkarkas, linzen en zoete aardappelen toe aan 8 ons water en kook het op hoog vuur.

2. Kook deze items bijna 10-12 minuten en schep al het schuim erop af.

3. Kook knoflook en selderij bijna 10 minuten in olie tot ze gaar zijn

& lichtbruin, voeg dan geraspte gebraden kip toe.

4. Voeg dit mengsel toe aan de escarole-soep en roer het continu 5

minuten op middelhoog vuur.

5. Voeg citroensap toe en roer de dille erdoor. Serveer hete seizoenssoep met zout.

Voedingsinformatie:Calorieën 310 Koolhydraten: 45g Vet: 11g Eiwitten: 13g

www.ingramcontent.com/pod-product-compliance
Lightning Source LLC
Chambersburg PA
CBHW070419120526
44590CB00014B/1453